中小企業のための経費削減

1カ月で成果が出る実行プログラム付き

山田浩司

東洋経済新報社

はじめに

２００4年2月、私は経営者として人生の頂点にいました。低価格の「資格の通学講座」という新しい事業モデルが認められ、大手ベンチャーキャピタルから出資を受けることに成功。そのときの年商は3億円（大手企業での研修・コンサルタントで2億円＋新規事業で1億円）で、テレビ番組でも取り上げられました。

その1年後の２００5年2月、一転、私は地獄の中にいました。創業時からやってきた大手企業の研修・コンサルタントの契約が突然解除され、年商2億円をいっぺんに失ったのです。さらに、順調に見えた資格の通学講座の売上げも減少。これは受講生のニーズが通学講座から通信講座にシフトしたためでした。

それだけではありません。健康診断の結果、私の体ががんに冒されていることが判明したのです。

つまり、創業10年にして残されたものは、赤字に転落した通学講座事業とがんに冒された体だけになったわけです。目の前が真っ暗になりました。いまだから言えますが、自殺も考えました。

そんなとき、藁にもすがる思いで、よく当たると有名な占い師のところに行きました。そして、言われたのが、「会社は倒産しません。がんも治ります。そして、数年後にはよかったと思う日が来るでしょう」という言葉でした。はじめはまったく信じられませんでしたが、希望はこの言葉以外にありませんでした。ですから、この言葉を心の支えにしました。

まずは、健康第一。その年の4月にがんの手術を受けました。全身麻酔で5時間30分もかかる大手術でしたが、手術直後から、会社をどのように再建すべきかを考えました。

失った大手企業の研修・コンサルタントはすぐには再契約できないので当面はあきらめる。低価格の通学講座も時代の流れに合わないのでやめる。そして、時代の流れに沿った低価格の通信講座を開発し、再起する。つまり、業態を一新すると決めたのです。

しかし、方向性が決まったものの、資金がありません。そこでまず、愛知県の「中小企業経営革新支援」という制度に申し込み、やっとの思いで5000万円の融資を受けました。

次に、本社と2つの支店、80名ほどの従業員・アルバイトをどのように維持していくかが問題となりました。そこで、経営者として尊敬している義兄に相談したところ、答えは明確でした。「毎月の会社の支出を毎月の売上げに収めれば、会社は絶対につぶれない」。そこで、経費削減のノウハウを教えてもらいました。

言われたとおりに経費削減を実施し、浮いた資金を低価格の通信講座の開発費に投入しました。そこからは血の滲むような努力の連続でした。

そして、4年後の2009年2月、私の会社は年商4億円、経常利益6400万円を達成しました。売上げ・利益ともに過去最高です。80名いた従業員・アルバイトは10名になりましたが、ひとり当たりの年収は以前の1・5倍にすることができました。あの占い師の言葉は現実のものとなったのです。

本書は、地獄のような状況から生還した私の体験をもとに、中小企業での経費削減のノウハウをまとめたものです。本書の利用により、1社でも多くの会社が元気を取り戻していただければ幸いです。

2009年7月

山田　浩司

目次

第3章

会社の上層部から着手する

第4章

支出項目ごとに削減する

第5章

1カ月実行プログラム

※本書に掲載されているデータ、実例は2009年6月現在のものです。

カバーデザイン◆上田宏志
本文・図表デザイン◆アイランドコレクション

序章

経費削減は儲かる！

1 企業の最終目的は利益！売上げではない

社長になってみるとわかりますが、銀行やはじめての取引先などからよくたずねられるのが、「売上げ」「従業員数」「支店数」です。そして、それらの数字が大きければ大きいほど、「すごいですね」「若くして、それだけの会社を経営されているなんて立派ですね」と賞賛されます。そのため、以前は少しでも大きな会社にしたい一心で、「来年の目標は年商3億円」「3年後までに仙台・大阪・広島・福岡に支店を出す！」という経営目標を掲げていました。

ただ、私の属する学校業界でいえば、少子化の影響で、ここ10年、どこの学校も売上げは頭打ち、むしろ、減少しているところが多数となっています。

1980年ごろまでの日本は、人口が増える一方だったので、業界の中で努力さえすれば、企業規模の拡大を達成することは容易でした。そのため、企業規模の拡大自体を目標として設定することも妥当なものだったといえるでしょう。

しかし、いまや人口は減少傾向にあります。学校業界のメインターゲットとなる学生や若い人たちの減少は特に著しいですから、今後、企業規模の拡大を目標とすることは妥当ではないと思います。

では、どのような目標をたてればよいでしょうか？

私は、従業員ひとり当たりの利益額を目標の目安にするとよいと考えています。従業員ひとり当たりの利益額ならば、たとえ業界が縮小しても、いろいろな創意・工夫によって伸ばす余地はいくらでもあります。

例えば、年商が10億円↓8億円↓6億円と毎年減少していたとしても、適切な経営ができるのならば、従業員ひとり当たりの利益額を300万円↓400万円↓500万円と伸ばすことは可能です。そして、このように利益額が伸びているかぎり、会社が倒産することは絶対にありません。

では、従業員ひとり当たりの利益額を増やすための手段とはなんでしょうか。それがコストダウン、つまり経費削減のノウハウです。

これまでは、売上げアップのノウハウが企業にとって最も大切なものでしたが、今後は経費削減のノウハウがそれと同等以上に、企業経営の生命線になることは間違いありません。

2

売上げアップと経費削減、どちらが楽か？

すでに書きましたが、企業の最終目的は利益です。その利益を増やす方法には、２つあります。

①売上げを増やして利益を増やす
②経費削減をして利益を増やす

具体的に、数字を出して考えてみましょう。利益率２％として、年商５億円の会社を例にとると、利益を40％アップさせるには次の２つの方法があります。

①年商を５億円から７億円にして、１０００万円の利益を１４００万円にする
②年商は５億円のままで、経費を減らし利益を１０００万円から１４００万円にする

実際にやってみるとわかりますが、②のほうが①より労力をかけずに、はるかに簡単に達成できます。

にもかかわらず、ほとんどの企業が売上げアップに向けた努力だけをしています。その

理由は、経費削減に関するノウハウがないことと、経費削減に対するマイナスイメージがあることが考えられます。

私も経費削減のノウハウを知るまでは、売上げを1円でも増やすことに血眼になっていました。売上げアップに関する書籍を買いあさり、売上げアップに関するセミナーにたくさん参加しました。

また、2004年当時は「これからはIT企業にかぎらず、ビジネスはインターネットを利用する時代だ」という風潮があり、新しい時代の幕開けという感じでした。私も時代に乗り遅れまいと、始まったばかりのインターネット検索に連動する広告を出すなど、新しいものを手当たり次第に始めました。しかし、私の場合、売上げアップ以上に費用がかかってしまい、結局、売上げを増やすことはできませんでした。私の例にかぎらず、売上げを増やすことは容易ではないのです。

一方、経費削減は難しくありませんでした。その方向性さえわかれば誰でも実施できます。経営的センスはあまり必要ありませんから、本書を読んでもらえば、そのノウハウは十分習得可能です。

また、経費削減に関する悪いイメージは、あとで述べる経費削減の本質を知ることによって、それが誤解だということがわかると思います。今までの悪いイメージを捨てて、経費削減について、ぜひ一度、前向きにとらえていただければと思います。

3 それでも、やりたくない経費削減

経費削減というと、「支店廃止」「取引先への値引き交渉」「取引先の変更」「退職勧奨」というかなりのマイナスイメージが浮かびます。事実、これらに取り組むことは経費削減に大きな意味があることなので、避けて通ることはできません。

私の会社も、経費削減によって従業員は80名から10名に減りました。70名の従業員にひとり当たり規定の2倍の退職金を支払い、退職してもらったのです。このように淡々と書くと、なんの迷いもなく退職勧奨したかのように思われるかもしれませんが、実施するには相当悩みました。そして、最後の1名に退職勧奨の面接を終えたときには、不謹慎かもしれませんが、ホッとしたのをいまでもよく覚えています。残った10名については、途中、たいへんな苦労と努力をさせることになりましたが、いまでは以前よりも約5割増の給与を支給できるまでになりました。

「支店廃止」「取引先への値引き交渉」「取引先の変更」「退職勧奨」。どれも経営者として良心があればやりたくないものばかりです。しかし、会社が倒産してしまえば、利害関係者全員を不幸にしてしまいます。私の会社についていえば、経費削減をやっていなければ会社は倒産しており、全従業員が路頭に迷い、取引先もかなりのダメージを受けていたでしょう。

倒産して全員を不幸に巻きこむくらいならば、できるかぎりの配慮をして犠牲を払いながらも、自社が生き残る道をさぐるべきだと思います。業績さえ回復すれば、一旦、辞めてもらった従業員・取引先を復帰させることも可能なのです。

会社で一番大切なことは倒産しないことです。倒産すれば、すべてを失います。そして、日本の場合、アメリカとは異なり、再起できる確率はほとんどありません。

ですから、本物の経営者であるならば、会社を守るために、心を鬼にして経費削減を実施すべきだと思います。ただしその際、

①去っていただく方には最大限の配慮をする

②残った者はいままで以上に幸せにする

という2点については十分な配慮が必要でしょう。

4 経費削減で会社が生まれ変わる

利益額アップによる波及効果

実際に経費削減を行なうと、会社が生まれ変わります。

まず、経費削減によって、利益額がアップします。私の場合、その利益額アップのほとんどを次期商品開発費と従業員の給与アップに割り当てています。

私の会社は現在、通信講座の提供をしています。経費削減によって生じた利益でデザイン費を増額し、教材の充実を図りました。具体的には、それまでモノクロ印刷が一般的だったテキストを業界ではじめてフルカラーにし、テキストの表紙に有名な画家の絵を起用しました。このほか、パソコンで学習できるeラーニングシステムの開発費もどんどん増額しています。これら教材の改善によりお客様の評判が高まり、口コミによってさらに売上げが増加するという理想的な循環ができつつあります。

また、業績に応じて従業員の給与をアップできるようになると、経営者として仕事がしやすくなります。以前、給与が安かった時代には、従業員の気持ちの根底には会社に対する不満があったように思います。そのため、ちょっとした新しい仕事を頼むだけでも不機嫌な顔をされ、私のほうにも従業員に対する不満が溜まっていきました。これでは、お互いの関係は悪くなり、仕事にも悪影響を及ぼします。

しかし、業績に応じてしっかり給与をアップすると、それだけで経営者に対する信頼感が芽生え、従業員から感謝される機会が増えます。その結果、従業員との関係がよくなり、以前より、業務の進行がスムーズになりました。

このように、経費削減によって得た利益を商品開発費や給与アップの財源とすることにより、売上げがアップすると同時に、会社の環境や業務にもよい影響を与えることができるのです。

業務改善による波及効果

経費削減をするためには、現在の業務全体のフローを見直すことが不可欠になります。そうすることで、たくさんのムダがわかります。

例えば、私の会社の場合、業務全体を見直すことで、その当時あったシステム部はやることがなく暇なので、忙しいふりをするために、サーバの入れ替えやシステム変更をしていたことがわかりました。また、ほかの部署でも、ひとりでできるにもかかわらず複数でやっている仕事、意味のない報告書・会議など、たくさんの問題点が見つかったのです。なんと、業務の半分以上は価値のないムダな仕事でした。これらのムダをなくすと、当然、仕事量が減るので、従業員は早く退社できるようになりました。また、業務の数が減ったため、ミスも減りました。

さらに業務改善のための策として、一人ひとりに責任と裁量をもたせるようにしました。以前は、業務ごとに細かく担当を置きましたが、それだと責任の所在が明確でなく、それだけやっていればいいという風潮になってしまいがちだったからです。これによって、従業員の仕事に対する意欲が高まり、以前よりもいきいきと働けるようになりました。

このように、業務改善の過程で、ムダを省くことによる労働時間の短縮、ミスの削減、労働意欲の増大などの成果を手に入れることができました。

この例でもわかるように、経費削減は決してマイナスの側面ばかりではありません。きちんとやれば、多くの果実を得ることができます。そしてそれによって、より筋肉質の会社に生まれ変わることができるのです。

第1章

経費削減の原理・原則

1

経費削減を成功させるための6つの鉄則

鉄則① 社長が先頭に立って経費削減を進める

私も経費削減を始める前、「できればやりたくない」という気持ちでいっぱいでした。「接待禁止」「社用車廃止」「給与カット」「顧問・相談役の廃止」「株主整理」「支店閉鎖」「取引先見直し」「退職勧奨」……どれひとつとして、楽しいことはありません。考えれば考えるほど、できればやらずにすませたいと考えるものばかりです。

しかし、経費削減は社長自らがやらないと絶対に成功しません。特に、拠点の閉鎖、取引先の取引停止、退職勧奨という決定は、会社経営の根幹を揺るがす危険性もありますし、従業員の人生や取引先の業績に大きなインパクトを与えてしまいます。会社の最高責任者である社長以外がこのような決定を下すのは不可能です。

ですから、いやでも社長が先頭に立って経費削減を進めてください。経営者としてひと回り大きく成長できる試練だと自分に言い聞かせて、何がなんでも成功させるという気概でのぞみましょう。決して、他人任せにしないでください。あなたの会社なのですから。

鉄則❷　経費削減は上層部から

経費削減というと、従業員のリストラや給与カットなど、まず、会社の下のほうから実施する会社があります。私は、社長はいままでどおりたくさんの遊興費を浪費していながら、従業員には経費削減を強く迫る会社をたくさん見てきました。

しかし、それでは経費削減は成功しません。経費削減を進めるためには、その前提として業務自体を改善することが不可欠ですが、そのためには全従業員の真剣な協力が必要だからです。

従業員の協力を得るためには、「先《ま》ず隗《かい》より始めよ」、これが大切です。会社の社長が自らの経費を削減し、その次に、役員クラス、次に部課長クラスというように、上層部から経費を減らしていくことで、従業員も納得して経費削減に協力してくれるでしょう。

鉄則③ 経費削減しか会社が生き残る道はないと従業員に説明する

経費削減を一番やりたくないのは誰でしょう？　それは会社の従業員です。人員の削減にしろ、拠点の削減にしろ、一番被害を被るのは従業員です。しかし、従業員の理解と協力なくして経費削減は進みません。では、どうすればいいのでしょう。

まず、経費削減をしないと会社がどうなるのかを包み隠さず説明することが大切です。私の場合、経費削減を進めないと会社が倒産してしまうという状況でした。そこで、従業員に会社の現状と、何もしなければどれくらいで会社がつぶれるかを具体的に説明しました。そして、われわれに残された道は、経費削減しかないということを、誠意をもって話したのです。その上で、70名の従業員に序章でお話しした形で退職勧奨を行なった結果、すべての従業員が退職に同意してくれました。この方々には本当に感謝しています。

また、「このままの状態では会社はもたない」という説明をすれば、他の従業員も辞めてしまうのではないかと心配しましたが、それは杞憂でした。この説明によって、残った従業員が一丸となり、創業以来の最大の危機を脱することができました。

いまになってみると、経費削減を成功させるには、一番の被害者である従業員の立場で考えることが大切だと痛感しています。

鉄則④ 経費削減の筋道を理解する

私もはじめは、経費削減をどのように進めればいいのかまったくわかりませんでした。というのも、経費削減が必要なのは新聞などに載る大企業であって、自分の会社には関係ないと思っていたのです。ですから、自分の会社が危機的な状況になって、なんとなく「経費を削減しないとまずい」ということがわかった段階でも、何をどうすればいいのか、皆目見当もつきませんでした。

そこで、「経費削減」「コストダウン」という言葉をインターネットで検索し、何冊かの書籍を購入してみました。ところが、どの本も大企業向けか、単に知識・テクニックが羅列されているだけで、中小企業の経費削減は、どのような考え方で、どのような方法で進めると成功するのか、具体的に書いてある本はありませんでした。

そこで本書では中小企業向けに、テクニックのみならず、全社的な経費削減の考え方、進め方を解説しています。読者のみなさんは、本書で経費削減の筋道をイメージしてください。その上で、本書では情報が足りない個別の支出項目や自らの業界・会社特有の項目について、インターネットや他の本で調べれば、経費削減のノウハウを理解できると思います。

鉄則5 何事もまずお金をかけない方法を考える

昔は、商売のもとは資本でした。タネ銭という言葉があるように、お金がないとお金を稼ぐことはできなかったのです。しかし、インターネットなどの技術が発達した現在では、お金をかけずに儲けることが可能になりました。広告がその最たる例です。

従来、広告といえば、テレビCM、新聞広告、雑誌広告などでした。これらの広告はCMなら放送回数、新聞広告や雑誌広告なら掲載紙面の大きさに効果が比例しました。つまり、お金をかければかけただけ、集客が期待できたのです。

しかし、いまやホームページで集客が可能です。よいホームページを作成するには、頭を使う必要はありますが、お金はそれほどかかりません。以前のテレビCMや新聞・雑誌広告に比べれば、格段に安くできます。ただ、インターネットの世界は技術が目まぐるしく発達しますので、常に新しい情報について勉強し続けることが必要となります。

大切なことはそのような情報収集を怠らないことと、情報を活用するために手間をかけることです。そうすれば、お金をかけずに商売することができるはずです。それが、経費削減にもつながります。

鉄則6 削減プランのみならず、再生プランをもつ

売上げ減少が進行している場合、いったんは経費削減によって会社の危機を乗り切ることができます。ただ、その売上げ減少が止まらなければ、いくら経費削減を続けても会社はつぶれてしまいます。

このような場合、従業員が一番知りたいのは「この先、どうなるのか」という予測です。売上げ減少が一定のラインで止まることが予測できるのであれば、そのラインはいつ、どこなのか、またその予測の根拠は何かを説明する必要があるでしょう。

ただ、売上げ減少の予測がつかないならば、新規事業で乗り越えるしかありません。新規事業はなかなか成功しないので、ある程度の資金と戦略が必要です。そこで、現在いくらの蓄えがあって、新規事業によっていつまでに、どのように会社を再起させるかというビジョンを説明できないと従業員の不安を解消できません。

私の会社の場合、それまで一番利益の出ていた大手企業の研修が突然、契約を解除され

ました。これで年商3億円のうち、2億円を一気に失いました。大手企業の社長の決定ですから、それを覆すことは不可能だと判断しました。

次に、売上げが大きかったのは通学講座でした。当時、東京と名古屋に教室を保有しており、年商1億円でした。しかし、受講者のニーズが変わり、通学講座よりも通信講座の人気が高くなっていたため、赤字に転落していました。このまま続けても、さらに赤字が拡大することは容易に予測できました。残された道は、これから伸びると予想される通信講座を開発し、販売するしかありません。ただ、当時、資金的な蓄えはまったくありませんでした。

そこでまず、メインバンクをはじめとする銀行に融資のお願いをしました。しかし、これまで業績がいいときには「借りてくれ、借りてくれ」の一辺倒だった銀行も、いったん会社が傾き始めると、まったく相手にしてくれません。そこで、次は政府系金融機関をすべて回りました。そこでもほとんどのところに断られましたが、唯一、愛知県の「中小企業経営革新支援」という制度の審査には通りました。そして、やっとの思いで5000万円の融資を受けることができたのです。いまから考えても、よく融資を受けることができたと思います。ほぼ100%倒産しそうな状況だったのに加え、新規に始める通信講座のノウハウはまったくなく、成功するかどうかは不明だったからです。それでも「絶対に会社を再建させる」という熱意が伝わったのでしょうか。まさに、「捨てる神あれば、拾う神あり」です。この融資金5000万円をもとに、新規事業を立ち上げ、会社を再建することができました。

ただ、この新規事業の成功の要因は、融資を受けられたことだけでなく、新規事業ビジョンに従業員が納得してついて来てくれたことにもあったと思います。経費削減だけでなく、会社を再生するための戦略をきちんと考え、さらにそれを従業員に説明し、納得してもらうことが大切なのです。

2

経費削減の基本的な考え方

基本の基本① 売上げにかかわらず、支出を売上げの範囲に収める

経費削減を成功させるためには、どの程度、経費を減らせばよいのでしょうか。

現在、利益の出ている会社であれば、総経費の○%もしくは○万円の経費を削減するという目標でもいいと思います。この場合、経費を削減した分だけ利益が増えるからです。

しかし、利益が出ていない会社の場合、そうはいきません。利益が出ていない状態が続けば、会社はいずれ倒産してしまうからです。この場合、利益が出るまで経費削減をすることが目標となります。では、どうすれば、利益が出るのでしょうか。

毎月の支出を毎月の売上げの範囲に収めればいいのです。例えば、ある月の売上げが100万円、支出総額が110万円ならば、10万円の赤字です。一方、同じ売上げでも支出総額が90万円ならば、10万円の黒字となります。このように、売上げより支出を小さくするだけです。これが基本的な考え方となります。

聞いてみると、「そんなの当たり前」と思ってしまいますが、これがなかなかできないものです。何を隠そう、私もわかっていながらなかなか実行できませんでした。ある月が赤字でも、「来月がんばって売上げを増やせば、赤字分を補填できる」とか、「赤字なら、お金を借りればいい」という安易な考えに陥りがちなのです。

もし、そんな考えをもっている人がいたら、すぐに考え方をあらためてください。毎月必ず黒字にするという強い意志をもって経営に当たることが大切です。

基本の基本② 固定費を変動費に変える

いま述べたように、利益に大きく影響する支出ですが、この支出には2つの種類があります。それが、固定費と変動費です。固定費は売上げにかかわらず、一定の額を支払わなければならないものです。これに対して、変動費は売上げに連動して支払額が変動します。売上げが多ければ多く、反対に、売上げが少なければ少なくなるのです。

この2つの支出のうち固定費の構成比率が大きいと、売上げが減少した場合、赤字に転落しやすくなります。つまり、変動費の構成比率を高めるようにすることが利益を出すポイントとなります。

具体的に考えてみましょう。

まず、人件費のうち賞与については、給与の○カ月分としている会社も多いと思いますが、これだと固定費となります。一方、賞与の額を業績と連動させると変動費に変わります。例えば、1回の賞与を利益の○%とすればよいのです。

また、正社員を増やすよりも、アルバイト・パートを活用するほうが固定費の増額を防げます。正社員の給与は一定額ですが、アルバイト・パートは忙しい場合に勤務時間を増やし、暇な場合には減らすことができるので、変動費となります。

広告宣伝費についても、テレビＣＭや雑誌広告でなく、アフィリエイトなどの成果に連動した広告にすれば、変動費にすることができます。アフィリエイトは、広告というよりはインターネット上の営業代行のようなものです。報酬は売れた場合にだけ支払えばよいのです。つまり、通常の広告のように、「広告を出したのに成果が出なかったので費用が回収できなかった」というリスクはほとんどありません。

以上のように、さまざまな支出について固定費を変動費にできないかと考えてみることが大切です。

基本の基本③ 「塵も積もれば山となる」の精神をもつ

「何かひとつの経費を大きく削減して、どーんと利益を出したい」と考える方も多いと思います。売上げなら、大手企業1社との取引開始によって一気にアップするということもありますが、経費削減の場合、なかなかそのようにはいきません。

例えば、電気代を1日100円節約するとします。この場合、「たった100円か」と思うか、「100円も節約できるのか」と考えるかで結果は大きく異なります。1日たった100円でも、1年間にすれば3万6500円にもなります。そして、このような小さな積み重ねが100個あれば、年間で365万円もの経費削減となるのです。

経費削減においては、いろいろな努力の集大成が大きな結果として表れます。そして、そこになんのリスクもありません。営業活動と違い、やれば必ず成果が出るのです。とにかく、一つひとつの節約を、執念深く徹底的にやることが重要なのです。

3

経費削減の基本プロセス

基本プロセス❶ 支出項目を決算書の項目の順に照らして整理する

さて、ここからは、経費削減をどのように進めるか、具体的なプロセスを説明します。

経費削減に必要なプロセスは、「①支出項目の整理」「②支出項目ごとに目標をたてる」「③支出項目ごとに支払額を減少させる」の3つです。ここでは、まず、どのように支出項目を整理するかについてご説明しましょう。

まず、支出項目は決算書の勘定科目と同じであるほうが実際的です。なぜならば、通常、経理担当者は、勘定科目ごとに資料を整理しているからです。それらの資料が経費削減を進める上で重要な武器となります。

次に、どのように資料を整理すべきかが問題となりますが、「支出項目ごと（何についての支払いなのか）」だけでなく、「拠点（本店・支店）ごと」「支払相手ごと」「支払決裁者ごと」に情報を整理すると、いろいろなことが見えてきます。このような情報を整理するためには、領収書・請求書が大切な資料となります（44ページ参照）。

交際費を例にしてみましょう。

ある年商5億円の会社で年間交際費が2000万円であったとします。この場合、決算書においては、単に交際費の項目が2000万円と記載されるだけで、この額が多いのか少ないのか判断できません。

しかし、この交際費を支店別、相手別、支払決裁者別に集計すると、ムダがあるのか否か、どの程度ムダなのかがわかります。例えば、A支店における交際費の情報を整理すると、以下のようになったとします。

●A支店

B社（お客様　年間取引額1億円）　計1000万円

内訳　支払決裁者　山田部長　800万円

鈴木部長　200万円

この場合、B社に対して交際費を使っていること自体、妥当なのかを考える必要があります。もしも、会社の利益にまったく結びつかない相手、例えば、取引業者との打ち合わせと称して交際費を使っているような場合は、即刻やめさせて、交際費を削減する必要があるでしょう。ただ、右の例のB社はお客様ですので、その点は問題がないということがわかります。

次にB社の1億円の売上げに対して、交際費を1000万円使っているのが妥当か否かを判断する必要があります。これは取引の粗利を計算すればわかります。

粗利率が30％であれば、年間の粗利は3000万円です。交際費が、その3分の1の1000万円ならまずまずという判断ができます。もし粗利率が10％であれば、年間の粗利は1000万円です。これに対して、1000万円の交際費を使用しているとなれば、人件費などの間接経費の支払いもできませんので、赤字取引です。この場合、このような交際費の使用を中止するか、B社との取引を中止することになります。

最後に、支払決裁者にも注目してみます。ここで年間取引額の情報を加えると、取引の実態がさらによくわかります。

●山田部長　B社との年間取引額2000万円　交際費800万円
●鈴木部長　B社との年間取引額8000万円　交際費200万円

この場合、鈴木部長は山田部長より効果的に交際費を使っていることがわかります。逆に、山田部長は交際費の使い方を見直す必要があるともいえます。

このように、交際費という項目ひとつをとっても、その情報の整理の仕方によっていろいろなことがわかります。一つひとつの支払項目について、細かく情報を整理し、検討して、ムダなものはなくしていく過程が経費削減なのです。

基本プロセス② 各支出項目の売上げに対する構成比率を知る

各支出項目の削減目標金額はどのように決定するとよいのでしょうか。よくあるのが、「人件費○%削減」とか、「年間人件費○万円削減」というものです。

しかし、このような目標の設定の仕方では、利益が出るようになるとは限りません。その削減目標を達成しても、毎月の売上げに支出が収まるかわからないからです。繰り返しになりますが、売上げより支出を小さくしなければ利益は出ません。ですから、各支出の上限は、毎月の売上げを基準に設定するのが妥当です。

そこでまず、現在、各支出項目が売上げに対してどれくらいの割合で支払われているのかを調査することが重要となります。具体的に見てみましょう。

ある月の売上げ（実際の入金ベース）が3000万円で、支出は次のような額だったとします。

●人件費　600万円
●広告宣伝費　900万円
●仕入・外注費　1200万円
●その他の経費　600万円

この場合、各支出項目の3000万円の売上げに対する構成比率は、次のようになります。

●人件費　20%
●広告宣伝費　30%
●仕入・外注費　40%
●その他の経費　20%

こうやって見ると、各支出項目の売上げに対する構成比率の合計が110％で、赤字となっていることがわかります。

このように、支出項目ごとに現在、売上げのどれくらいの割合が使われているかをきちんと認識することが大切です。そして、各支出項目の売上げに対する構成比率の合計が100％未満になるようにすれば、毎月利益が出るようになるということです。

基本プロセス③ 各支出項目について売上げに対する理想的な構成比率を決める

各支出項目の売上げに対する構成比率がわかったら、次は、売上げに対する理想的な構成比率を決めることが必要となります。

毎月利益を計上するためにまず大切なことは、売上げに対する構成比率の合計を100％未満にするということです。赤字であるならば、まずは毎月5％の利益を出すことを目標にするといいと思います。

前項の例ですと、売上げが3000万円だったので、その5％、つまり、150万円の利益を残すことを目標とすることになります。つまり、売上げに対する構成比率の合計が95％になるように目標をたてればよいのです。

その場合、各支出項目の理想的な売上げに対する構成比率をどのように決めるかが問題となります。

各支出項目を一律の基準、例えば、すべて5%削減するというような乱暴な決め方もありますが、これは妥当ではありません。それは項目によって、削減しやすいものとしにくいものがあるからです。

私の経験では、最も削減しやすい経費は広告宣伝費です。あまり削りすぎると売上げに影響してしまいますが、ある程度の削減は問題ないでしょう。また、人件費はきちんと業務改善すれば、かなりの削減が見込めます。

反対に、削減すべきでないものとして、商品に関する費用があります。仕入れや研究開発費のようなものです。これを削減すると顧客満足度が低下し、売上げが急落します。

このような観点で、理想的な目標売上げに対する構成比率を決めましょう。前項の例の場合、次のように構成比率を改善するとよいでしょう。

●人件費　20%→15%
●広告宣伝費　30%→20%
●仕入・外注費　40%→40%
●その他の経費　20%→20%

基本プロセス❹　各支出項目を売上げに対する理想的な構成比率に収める

次に、目標として決めた構成比率の中に実際の支出を収めるという作業が必要となります。前の例でいうと、月商３０００万円で、人件費が６００万円、つまり、売上げに対する構成比率が20％の会社の人件費を15％にしなければなりません。具体的には、第4章の「４　人件費を削減する」（１２６ページ参照）を参考に、人件費の削減の仕方を考え、実行することになります。その結果、人件費が15％以下になれば、問題がありません。

問題なのは、どうやっても15％以下にならない場合です。この場合、最初の理想的な売上げに対する構成比率の設定が間違っていたことになりますので、その設定を変更してください。

例えば、人件費がどうやっても17％までしか減らせなければ、17％を目標に変更してください。ただし、人件費を15％から17％にすると、当初の予定より2％オーバーとなりますので、他の支出項目の構成比率を2％下げる必要があります。

実際には、最初の段階で売上げに対する理想的な構成比率をうまく設定することは困難ですので、まずはいったん設定してみて、微調整していくとよいでしょう。

また、経費削減を始めたばかりのころは、まだ削減の勘所がつかめていないので、目標どおり経費を減らすのは難しいと思います。ただ、経験を積むと、削減できる額も大きくなります。例えば、どうしても20%から17%までしか減らせないと思っていた人件費が、15%に削減できるようになったりするはずです。このような段階になると、目に見えて毎月の利益が増えてくるようになります。ですから、結果が出るまで経費を減らす努力を続けることが大切です。継続することで、経費削減のプロになってください。

第2章

経費削減前に分析すべきこと

1

領収書・請求書を分析する

領収書・請求書は宝の山！

経費削減を進めるための重要な資料には、経理資料の他、領収書・請求書があります。お恥ずかしい話ですが、私も領収書・請求書の重要性を知るまでは、これらにまったく無関心でした。ちらっと見て、わかったような気になって経理に回すというのが常でした。経理担当者に必要なものであって自分には関係ないと思っていたのです。

しかし、当然ながら、会社のお金が動く際には必ず領収書・請求書が発生します。つまり、使われた経費の内容を知るには、領収書・請求書を見るのが一番なのです。そして、領収書・請求書の解読が経費削減の鍵になります。

取引先別に領収書・請求書をファイルし、熟読する

経理担当から領収書・請求書を受け取ってみると、その膨大な量に読む気力も失います。1カ月分でも分厚いファイル1冊分ですから、1年分だとファイル12冊分にもなります。また、そのままでは、内容を理解し、分析することはできないでしょう。

私も領収書・請求書をしっかりチェックしようと思って、まず、黙々と目を通しましたが、1時間もせずに挫折しました。内容がまったく頭に入ってこないからです。

なぜ、頭に入ってこないかというと、頭の中にこれらに関する情報を入れるためのインデックスがないからです、そこで、取引先別に領収書・請求書をファイルしました。

例えば、A社という会社と取引があるのであれば、A社というファイルを作成し、そこにA社関係の領収書・請求書をすべて集めます。数年に及ぶ取引の場合、できるだけ過去のものも1冊にまとめます。その上で、領収書・請求書を熟読します。そうすると、A社との取引の内容を正確に把握することができます。

具体的には、次のようなことがわかります。

●いつごろから取引が始まっているのか
●取引総額はどのように変化しているのか
●取引の内容はどのように変化しているのか
●各商品の単価はどのように変化しているのか
また、領収書・請求書を見ると、その会社の業務精度もわかります。請求内容が細かく、正確に記載されている会社もあれば、どのように読んでも内容が不明確な会社もあるからです。ときには、水増し請求をしている会社を見つけることもできます。とにかく不要なお金を支払わないためには、内容を細かくチェックすることが大切です。

請求書については、まず、請求内容が詳細に書かれているかどうかチェックすることが必要です。水増し請求をしてくる会社は、足がつかないように請求内容の詳細を書かず、「一式」と記載してくる場合が多いからです。このような場合、今後、請求内容をくわしく書くように依頼しましょう。

また、年間で単価や数量がほぼ一定であるにもかかわらず、時々、単価・数量が割り増しされている場合があります。これも水増し請求です。これらもきちんとチェックして、水増しを発見したら、即、取引先に問い合わせ、あるいは抗議をしましょう。

不正領収書で多いのが、食事と飲酒ができる飲食店から発行される金額白紙の領収書に、従業員が水増し金額を記載するというものです。このような不正を見つける方法としては、同じ店の領収書を並べて、数字の筆跡が同じかどうか確認するという方法がありま す。また、一番、確実なチェック方法はその店に行って、「白紙の領収書が欲しい」と要求してみることです。もし金額部分が白紙の領収書がもらえたら、今後、会社として、その店の領収書は認めないことにします。

また、コンビニなどを私的利用したにもかかわらず、「文房具代として」などと申請している場合もあります。このような不正を防ぐためには、コンビニや100円ショップの領収書は、購入した現品を経理担当に見せた上で処理するようにするとよいでしょう。

交際費や資料購入など、特定の従業員にまつわる請求書・領収書については、一人ひとりについて資料をまとめるのがベストです。その人の性格がわかります。

特に交際費や会社の経費に関する考え方は個人差が大きく、「会社の経費はできるだけ使う。なるべく会社で経費を落とす」という人から、「なるべく会社の経費は使わない。自腹で払う」という人までさまざまです。このような性格を知るためにも、従業員単位で資料をまとめることが大切です。給与・賞与などの人件費に加え、交通費や旅費、使用した交際費など、その人がかかわった支出をまとめることによって、その人物が見えてきます。このように作成したデータは、経費削減のみならず、昇給・昇格の判断や従業員削減時の資料としても活用できます。

内容がわからない場合は社内や取引先の担当者に確認

実際に領収書・請求書を読んでみると、その内容がわからないものが多いことに驚きます。そして、経費削減のための宝物は、その内容のわからない領収書・請求書にある場合がほとんどです。ですから、内容がわからなかったらまずは、わかるまで社内の担当者に聞いてみることです。それでも納得できない場合には、取引先の担当者にも会って説明してもらいましょう。経費削減のためには、第一に、経費の現状を正確に把握することが重要なのです。

特に、経験上、システム会社やＩＴ関係の会社からの請求書は、受け取る側から見ると内容がわからないものが多いので、よく確認することが必要です。ただ、請求書を見ても不当な請求か否かを判断するのは難しい場合が多いでしょう。不当な請求を防ぐためには、契約の仕方に気をつけることが大切です。

こうした業種の場合、仕事前に見積もりをきちんととってその金額で契約をする場合と、担当者の実際の労働時間に単価をかけて請求する方法の2種類があります。前者の場合、見積もり自体が過大な場合も多いので、相見積もりをとって、過大な請求を防止しましょう。後者の場合は、かかった労働時間が妥当なものなのかどうか不明な場合が多いので、このような契約はしないことをおすすめします。

また、電話関係の請求書は料金体系が複雑なため、それがわかる人に見てもらうのがベストです。現在の電話は複雑です。昔のアナログ電話もあれば、ＩＰ電話（インターネットを利用した電話サービス）や、さらにこれが進化したＳＩＰ電話（インターネットを利用した電話。パソコンを電話として利用するタイプもある）もあります。携帯電話との連動も頭に入れつつ、いろいろな割引システムを考慮すると、実際にどれが安くて便利なのかわからないと思います。そこで、特定の担当者を決め、十分に調査してから、契約することをおすすめします。その上で、その担当者が定期的に料金体系や請求書の内容をチェックするようにしましょう。

このほか、内容のわかりにくい領収書・請求書については、できるだけ書き方を改善してもらいましょう。私の場合も、一社一社担当者に会って、「今後、請求書はこのような書き方にしてほしい」と具体的な要望を伝え、私でも理解できるような書式に変更してもらいました。

領収書についても同様で、交際費関係の場合、相手先のメンバー全員とともに、自分の会社のメンバー全員の氏名、経費を使用した理由などをくわしく裏に書いてもらうことが大切だと思います（図表2－1）。このような積み重ねにより、不正な経費使用を防止することができます。

売上げ－コスト収支表を作成する

領収書・請求書のチェックが終わったら、売上げ－コスト収支表（私が考案した書式の表）を作成しましょう。

今後、経費削減の戦略を考えるための資料がこの売上げ－コスト収支表です。私はいまでも3日に1度はこの表を見て、まだ経費削減できるところはないかと考えています。

では、売上げ－コスト収支表についてくわしく説明しましょう。

まず、最初に売上げ－コスト収支表の目的について再確認します。この表の目的は、ずばり、経費削減にあります。従来、経費削減というと、「人件費を○万円削減」「広告宣伝費を○万円削減」というように、ある支出項目について削減目標額を定めるのが一般的でした。ただ、この方法では、徐々に売上げが減少している場合には、きちんと対応することができません。なぜならば、利益をあげるためには各支出項目の減少も売上げの減少に

図表2-1 領収書の事例

表

領収書　2009年7月1日

株式会社 ABCDEF 様

金額　¥50,400—

但し　飲食代
(消費税 ¥2,400—を含む)
上記の金額正に領収いたしました。

和食処　○○○○
〒×××-×××× 東京都○○区○○7-8-9

担当者印　(山田)

裏

参加メンバー：営業部　小山、荒川
相手方：G商事　支店長高木、課長鈴木
接待理由：イベントで有利な取り計らいをしてもらうため

連動させることが必要だからです。

売上げに合わせた支出を算出するためには、各支出項目について、売上げに対する適正な目標割合を設定し、その目標割合に支出を収めるという作業が必要になります。この作業を行なうための道具になるのが、売上げ－コスト収支表です。

この売上げ－コスト収支表には、直近決算分とそれ以降について、決算書の勘定科目に従い、おおまかな収支がわかるように記載してあります。

直近決算分は、1年間の各勘定科目の総額を把握するために必要です。例えば、広告宣伝費は商品が売れる時期に積極的に投入するので、時期によって支出額が大きく異なります。そのため、ある特定の月だけを対象にして分析すると、間違ったものになってしまいます。そこで、直近決算書1年間分の各勘定科目の総額を出します。その上で、売上げに対する支出の割合である「現状構成比率」を算出し、さらに、売上げに対する理想的な構成比率「目標構成比率」を決定するのです（36ページ参照）。

「目標構成比率」を設定したら、直近決算以降の各月について、それらをあてはめます。そして、支出を「目標構成比率」に近づけるためには、何をどのようにすればいいのかを具体的に考えます。

私はこれらの資料を「売上げ－コスト収支表総括」と呼んでいます。これにより、会社の収支の全体像を把握します。売上げと支出の削減方法について分析するには、直近の決算1年分に加え、決算以降の各月のものを作成すれば十分です。会社は生き物であり、日々業務内容も変化していますので、あまり古いデータを分析しても意味がないからです。

では、具体的な作成方法を説明しましょう（図表2-2）。この表を作成する場合、エクセルなどの表計算ソフトを使うと便利です。

まず、月ごとに収入と支出を書き出します。一番上が収入たる売上げ、その下に人件費などの支出項目を書いていきます。項目のたて方は会社の支出構造によって異なります。製造業なら研究開発費、製造原価が入り、広告宣伝費がないのが一般的です。反対に、販売会社なら、研究開発費、製造原価がなく、広告宣伝費が入ります。私の会社のように、通信講座を制作しながら、販売している場合には、いずれの項目もたてる必要があります。

なお、この表は、発生主義ではなく（つまり取引が生じた段階ではなく）、入金・出金ベース（入金・出金が起こったもの）で作成することをおすすめします。経費削減が必要な事態に直面している会社は、倒産リスクが高い場合が多いと思いますが、その倒産の危険予測に役立つのがキャッシュフロー（資金収支）です。ですから、入金・出金ベースで作成した売上げ－コスト収支表を使えば、倒産危険度も正確に把握できます。この場合、支出項目の最後に、「リース返済」「銀行返済」を入れてください。

このようにして、各項目ができたら、各月ごとに数字を落としこみます。その上で、現状構成比率を算出しましょう。各支出額を売上げで割って導き出します。直近決算分の場合は、年間の合計金額で計算すれば、1年間の現状構成比率が算出できます。

現状構成比率がわかったら、各支出項目の現状構成比率の合計を出してみてください。もし100%を超えれば、赤字ということです。赤字の場合、これを解消しなければ、いずれ会社は倒産します。

赤字を解消するためには、支出額を減らす必要がありますから、支出の目標構成比率を設定します。例えば、5%の利益を生み出すことを目標にすると、目標構成比率の合計が95%になるように、全体を設定すればよいのです。

各支出項目の目標構成比率については、支出額が削れるところは大きく削減し、削れないところは当面あきらめるという観点で決定します。

一般的に経費削減のインパクトが大きいのは、広告宣伝費、人件費です。もちろん、削減方法には注意が必要ですが、成功すれば大きく節約できる項目です。

この他、研究開発費は一時的に大きく削ることは可能ですが、長く続けると会社自体の

図表2-2 売上－コスト収支表総括

●売上－コスト収支表総括（直近決算分）　　　（単位：万円）

	1月	2月	3月	年間合計	現状構成比率	目標構成比率
売上げ（現金主義）	3,000	3,500	4,000	36,000		
人件費	700	750	800	8,310	23.1%	15.0%
教材原価	700	800	900	10,798	30.0%	20.0%
広告宣伝費	350	400	400	6,715	18.7%	10.0%
システム開発費	250	250	250	2,427	6.7%	5.0%
その他の経費	1,200	1,400	1,500	11,153	31.0%	24.7%
リース返済	135	135	135	1,620	4.5%	4.5%
銀行返済	474	474	474	5,688	15.8%	15.8%
経費合計	3,809	4,209	4,459	46,711	129.8%	95.0%
当月残存キャッシュ	▲809	▲709	▲459	▲10,711		

赤字

→これで、現状構成比率を算出し、目標構成比率を設定する。

●売上－コスト収支表総括（直近決算以降分）　　　（単位：万円）

	1月	現状構成比率	目標構成比率	2月	現状構成比率	目標構成比率	3月	現状構成比率	目標構成比率
売上げ（現金主義）	2,800			3,300			3,500		
人件費	700	25.0%	15.0%	750	22.7%	15.0%	750	21.4%	15.0%
教材原価	650	23.2%	20.0%	750	22.7%	20.0%	800	22.9%	20.0%
広告宣伝費	400	14.3%	10.0%	350	10.6%	10.0%	400	11.4%	10.0%
システム開発費	250	8.9%	5.0%	250	7.6%	5.0%	250	7.1%	5.0%
その他の経費	1,100	39.3%	24.7%	1,500	45.5%	24.7%	1,400	40.0%	24.7%
リース返済	135	4.8%	4.5%	135	4.1%	4.5%	135	3.9%	4.5%
銀行返済	474	16.9%	15.8%	474	14.4%	15.8%	474	13.5%	15.8%
経費合計	3,709	132.4%	95.0%	4,209	127.6%	95.0%	4,209	120.2%	95.0%
当月残存キャッシュ	▲909			▲909			▲709		

赤字　　赤字　　赤字

→直近決算分の売上－コスト収支表で設定した目標構成比率をあてはめる。

競争力を低下させることになります。リース返済、銀行返済については、金融機関と交渉すれば月々の返済額を減らすことは可能ですが、なかなか難しいと思います。

また、その他の経費については会社次第です。これまで、経費削減をあまり真剣にやっていなかった会社の場合は大きく削れますが、すでに経費削減を進めている会社では、大きな削減は無理でしょう。このように、支出項目ごとに支出額を分析し、目標構成比率を設定します。これで、どの支出項目についてどの程度削減すればいいのか、方向性が決定されました。

次に、支出項目ごとに、何をどのようにすれば目標構成比率を達成できるのかを考えます。そのときに必要となるのが、各支出項目別の収支表です。ここでは、人件費と広告費のサンプルを示しておきます（図表2-3・図表2-4）。

この表では、支払相手ごとに支払金額がわかるようにします。人件費であるならば従業員・アルバイトごとに、広告費であれば広告業者ごとに集計してみましょう。そして、シミュレーションを行なうことにより、どの支出をなくす、あるいは減らすことで、目標構成比率を達成できるのかを検討します。

なお、このシミュレーションを適切に行なうためには、まず、自社の業務の内容を完璧に把握していないといけません。この後で述べる「業務フロー」の作成と並行してシミュ

図表2-3　売上－コスト収支表（人件費）

（単位：万円）

人件費	氏　　名	1月	2月	3月	年間合計	シミュレーション
売上げ（現金主義）		3,000	3,500	4,000	36,000	
社長	山田　浩次	200	200	200	2,400	1,700
副社長	山田　大介	180	180	190	2,160	1,500
A支店　社員	山田　花子	70	75	80	840	750
社員	木村　太郎	55	60	65	660	0
社員	木村　拓也	35	35	45	420	390
アルバイト	鈴木　幸子	17	27	32	174	0
アルバイト	高橋鬼太郎	15	25	30	150	0
B支店　社員	佐藤　　守	55	60	65	660	560
社員	荒川　涼子	25	28	31	300	300
社員	川口　典子	30	32	34	360	340
アルバイト	松本幸四郎	18	25	28	186	186
合　計		700	747	800	8,310	5,726
現状構成比率		23.3%	21.3%	20.0%	23.1%	
目標構成比率		15.0%	15.0%	15.0%	15.0%	近づける努力をすること！
目標合計		450	525	600	5,400	

※直近決算以降分に目標構成比率をあてはめる。　（上記人名はすべて仮名です）

レーションするのが適切だと思います。

削減の順序としては、拠点削減・従業員削減が最後になります。そのためにまず、広告宣伝費をはじめとして、人件費以外の項目でどれくらい削減できるかを試算してみましょう。

ただ、それでも赤字になる場合には、人件費削減を検討することになります。人件費削減の場合も、まずは、残業禁止、給与削減、ワークシェア

図表2-4　売上－コスト収支表（広告宣伝費）

（単位：万円）

広告宣伝費	業者名	1月	2月	3月	年間合計	シミュレーション
売上げ（現金主義）		3,000	3,500	4,000	36,000	
テレビCM	X社	100	100	100	2,200	1,300
雑誌広告	A広告	40	70	70	960	700
	B広告	30	40	40	640	400
新聞広告	C広告	60	70	70	960	500
SEO	D広告	35	35	35	520	300
アフィリエイト	E　ASP	30	30	30	574	300
	F　ASP	20	20	20	350	200
インターネット広告	G広告	20	20	20	295	150
	H広告	15	15	15	216	150
合　計		350	400	400	6,715	4,000
現状構成比率		11.7%	11.4%	10.0%	18.7%	
目標構成比率		10.0%	10.0%	10.0%	10.0%	近づける努力をすること！
目標合計		300	350	400	3,600	

※直近決算以降分に目標構成比率をあてはめる。

リングを検討し、できるだけ従業員の削減は避けるようにします。

　その上で、まだ赤字と判断される場合には、希望退職制度を導入や、退職勧奨という順に進めるようにしましょう。

2 業務のムダを省くための業務フローを作成する

業務フローで業務全体を把握する

経費削減の前提として、社内の業務について誰が、何をやっているのかを正確に把握することが必要となります。その上で外注していることを社内で行なったり、2つの業者に外注していることを一本化したり、業務を整理すれば、費用は下がります。ムダな業務をなくし、非効率な業務を効率的に改善すれば、残業・休日出勤が減り、人件費も下がります。人員削減をしなくてはならない事態になったときにも、どこの人員を削減すべきかがわかるでしょう。

このように、業務全体の把握、改善に役立つのが「業務フロー」です。

業務フローは会社全体の業務の流れを書き出すことで、業務の全体像を把握し、さらに細部について書きこむことによって、個々の業務が適正か否かを検討するために作成するものです。会社においては、従業員の退社・入社が繰り返されることにより、本来、ひとりで担当すべき業務が複数人に分割されたり、反対に、本来複数でやるべきものがひとりに押しつけられたりすることがあります。しかし、この業務フローを作成すれば、業務の現状を把握し、かつ、適正な形に戻すことができるようになります。

ここで、「業務フロー」の作成の仕方についてご説明しましょう。作成にあたっては、エクセルを使うと楽にできます。

まず、「お客様から見た」業務の流れを横に書き出します。通信講座の販売をしている私の会社の場合、お客様は通常、次のような流れでわが社と接することになります。

①ＰＲ

お客様はインターネット検索、インターネット広告、アフィリエイトサイト、書籍、などによってわが社の存在を知り、ホームページにアクセスします。このように自社のホームページにアクセスしてもらうための業務を、わが社では「ＰＲ」と呼んでいます。

②資料請求

通信講座の場合、ホームページだけではなかなか内容を理解してもらえないので、資料を請求してもらえるように誘導します。

③教材発送

資料請求をし、わが社を気に入った人が受講の申込みをすると、教材を発送することになります。

④受講フォロー

教材到着後は、テスト採点、質問への回答など、受講をフォローしていきます。

⑤修了

受講期間が終わればそれでおしまいというわけにはいきません。合格者には別講座の案内、不合格者には再受講の推奨などのフォローの作業があります。

この「PR」→「資料請求」→「教材発送」→「受講フォロー」→「修了」という一連の作業を図にしたのが図表2-5です。すべての業務が大切ですが、特に大切なのが、売上げに直結する「PR」→「資料請求」なので、ここは目立つようにします。当然、この業務には十分な人数と、社内で一番優秀なスタッフを配置する必要があります。

次は、個々の流れについて業務上の要請を書き出します。例えばPRの場合、ムダな広告は利益を失うだけです。ですから、「効果的かつ経済的なPRの実施」が望まれます。具体的には広告効果の測定が必要だということです。

本社・名古屋支店		名古屋支店		名古屋支店
教材発送	→	**受講フォロー**	→	**修了**

本社・名古屋支店　教材発送

合格率の高い教材の製作
①テキスト・問題集　担当講師
②メディア：CD・DVD・動画配信　松本
③eラーニング　Aシステム

誤植の少ない教材の製作
校正システムの採用　大森

見栄えのいい教材の製作
①InDesign の使用　岸部
②テキスト表紙のデザインの充実　岸部
③イラストの挿入　岸部

迅速かつ正確な教材の発送
①当日発送の原則　松木・田口

入　金　確　認
①迅速な入金確認　松木
②分割支払の処理　久保田

教材在庫確認　松木・田口

名古屋支店　受講フォロー

受講生管理
①質問受付（行政・宅建）　久保田
②テスト採点　久保田
③成績管理　久保田
④掲示板管理　久保田
⑤スケジュール設定指導　久保田
⑥クレーム処理　久保田
⑦定期連絡の送付　久保田

教育訓練給付金の管理　大島

FP 協会申請・認定・受講生管理　久保田

名古屋支店　修了

修了後のフォロー
①合否確認　田口
②修了証の送付　田口
③合格体験記依頼→入力　田口
④合格者：他の講座への斡旋　田口
⑤不合格者：再受講の推奨　田口
⑥紹介の依頼　田口

□ 囲みは取引業者

（上記人名はすべて仮名です）

また、ホームページへ誘導するための導線がきちんと形成できていなければ、広告の意味がありません。さらに、せっかく誘導したホームページが魅力的でなければ受講を検討してもらえません。そこで、「ホームページまでの導線の形成」「ホームページのコンテンツの充実」も重要です。このほか、ホームページの内容の迅速な更新や、メルマガ配

図表2-5 業務フロー

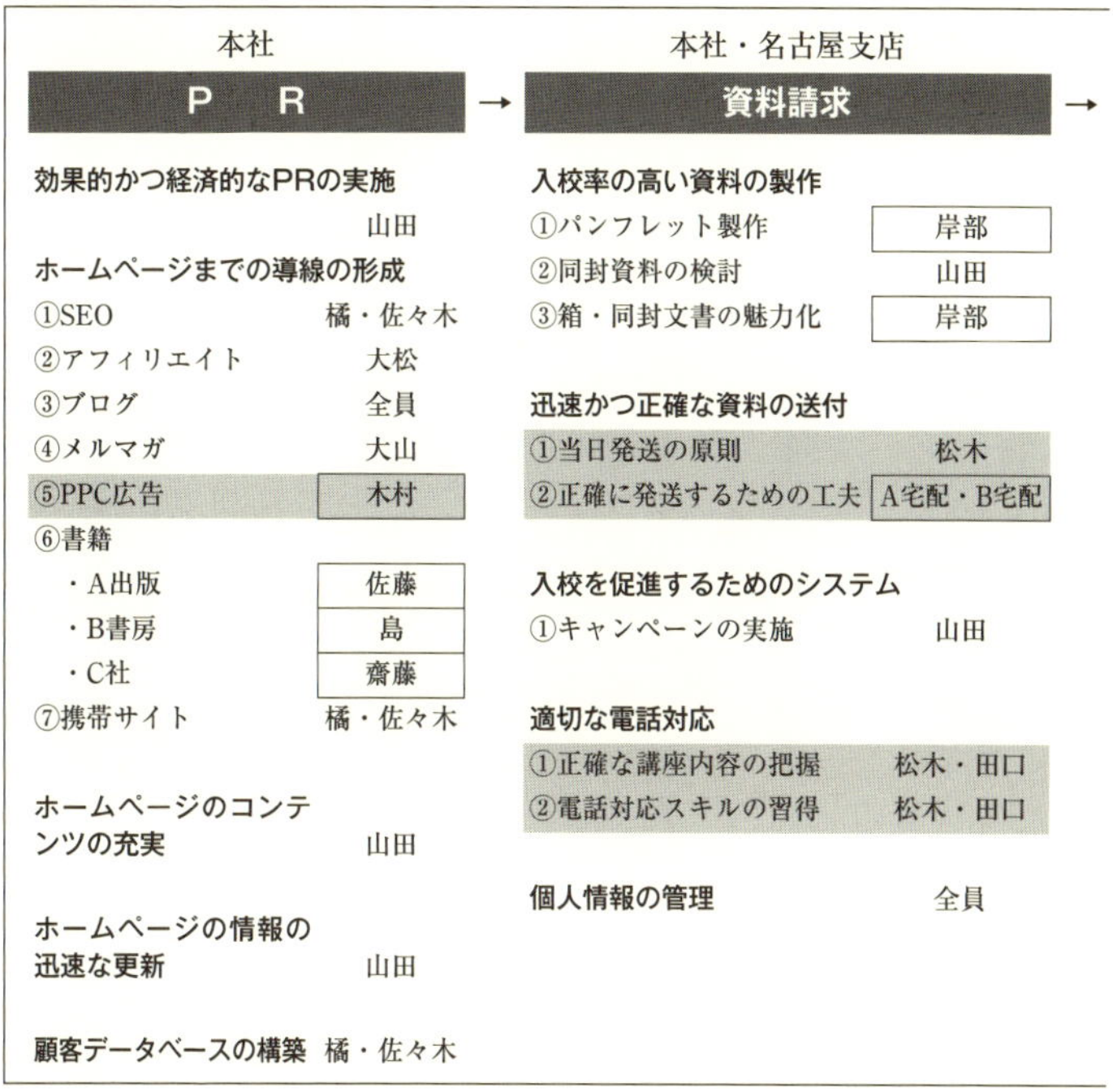

本社
P R
効果的かつ経済的なPRの実施　山田
ホームページまでの導線の形成
①SEO　橘・佐々木
②アフィリエイト　大松
③ブログ　全員
④メルマガ　大山
⑤PPC広告　木村
⑥書籍
・A出版　佐藤
・B書房　島
・C社　齋藤
⑦携帯サイト　橘・佐々木
ホームページのコンテンツの充実　山田
ホームページの情報の迅速な更新　山田
顧客データベースの構築　橘・佐々木
本社・名古屋支店
資料請求
入校率の高い資料の製作
①パンフレット製作　岸部
②同封資料の検討　山田
③箱・同封文書の魅力化　岸部
迅速かつ正確な資料の送付
①当日発送の原則　松木
②正確に発送するための工夫　A宅配・B宅配
入校を促進するためのシステム
①キャンペーンの実施　山田
適切な電話対応
①正確な講座内容の把握　松木・田口
②電話対応スキルの習得　松木・田口
個人情報の管理　全員

信のための顧客データベースの構築も不可欠です。

このように各業務に必要なことを書き出し、担当者名と取引業者名がわかるように記しておきます。わが社の場合、取引業者は□で囲んで表しています。

なお、この業務フローには、業務全体をサポートする総務・経理などの間接部門の仕事は記入しません。業務が広範囲になり、記入が難しいからです。

以上のように、業務フローを作成していくと、次のようなことがわかります。

●特に重要な業務に、優秀なスタッフが配置されていなかったり、人員が不足したりしている。反対に、相対的に重要でない業務に過剰な人員や優秀なスタッフが投入されている

●本来ひとりでやれる業務にもかかわらず、複数人でやっている、または、その反対に本来複数人でやるべき業務をひとりでやっており、負荷がかかっている

●アルバイトがやるべき仕事を従業員がやっていたり、反対に従業員がやるべき仕事をアルバイトがやっていたりする

以上のような問題点がわかった場合は、人事異動や担当の変更など、従業員の配置を考え直す必要があるでしょう。このように、業務フローは人と業務の関係がわかりやすいため、将来の幹部候補の従業員に対して、いろいろな業務を経験させるための設計図をつくるのにも役立ちます。

あらためて、私の会社の業務フロー（図表2−5）を見てください。この場合、業務フローを次のように分析・判断できます。

まず、「ＰＲ」のところは、書籍出版以外の業務はほとんど社内で行なっていることが

わかります。営業力は会社の根幹となるものですから、これは望ましいことです。ただ、PPC広告（インターネット上に表示される広告で、クリックされたときのみ広告費が発生する）の管理のみ、現在、社外の木村さんに発注していることがわかります。そこで、これも社内で実施できないかを検討することにします。この場合、社内にこの業務を実施するだけのノウハウや人材があるのかという観点から検討する必要があります。

一方、「資料請求」のところを見ると、資料を発送するための業務を従業員の松木さんが担当していることがわかりますが、このような業務は定型化されており、格別、難しい業務ではありません。ならば、アルバイトが担当するほうが適切です。

また、資料送付業者は、現在、A宅配とB宅配の2社となっていますが、これを1本化して業務を簡略にし、経費を削減できないか検討することも必要です。

さらに、電話対応として、現在、松木さん・田口さんの2名が担当していますが、これをなくすことができれば大きな負担減、経費削減が可能になります。今後、電話対応をしなくてもよいような社内体制を検討すべきでしょう。

このように、個々の業務と担当者・取引業者との関係を徹底的に分析・検討することによって、業務のムダ・改善点が次々と明らかになります。

このように、業務フローを十分に活用するためには、できれば、社長自らが作成することをおすすめします。作成する過程でより多くの情報に接し、正しい判断ができるからです。部下に作成してもらっても、その真価は発揮されないと思います。私も自身で業務フローを作成し、日々、その図とにらめっこして、業務改善について考えています。

拠点の必要性を検討する

インターネットや宅配便などが発達したいま、昔に比べて、複数の拠点をもつ必要性は低くなったと思います。さらに、交通機関も以前よりもかなり発達していますので、国内であればほとんどの場所への日帰り出張が可能です。

複数の拠点をもっている会社は、業務フローを分析して、拠点が必要か否かを検討してみましょう。例えば、次のような場合は拠点の閉鎖、統合が考えられます。

●赤字の拠点の場合

その拠点でないとできない主要な業務がないのであれば、原則としてその拠点を閉鎖します。閉鎖した場合、減少すると予想される売上げをなるべく他の拠点に移管できるよう、検討しましょう。

●現在、黒字ではあるが、売上げの減少が止められない拠点の場合

赤字に転落する前に閉鎖するのが望ましいです。

●近年、売上げが横ばいの黒字拠点の場合

その拠点を他の拠点と統合しても、現在の売上げが確保できると思われる場合は閉鎖しましょう。拠点は少なければ少ないほど、管理などが楽だからです。

私は拠点数を3から2に減らしました。以前は、創業地の名古屋に2つの拠点がありましたが、これをひとつにして、名古屋と東京各1拠点ずつにしたのです。

拠点数が多いと管理がたいへんです。人の採用・研修のときだけでなく、定期的に巡回しなければなりません。ただ、定期的に顔を出せばうまくいくかというと、そうでもないからです。その拠点で責任感あるリーダーに恵まれればいいですが、そうでなければ、組織はうまく回りませんから、たびたび業務の見直しや指導が必要になります。拠点数を減らせば、これらの業務から解放されます。

また、拠点が多いとその分、拠点間のコミュニケーションがたいへんです。会って話せばケンカにならないようなことでも、場所が離れていると意思疎通がうまくできず、ケンカになることもあるでしょう。拠点を減らせば、このような問題も減ります。

このほか、賃料などの経費削減、業務に不要な人員の整理など、拠点数を減らすことに

よってさまざまな効果が得られます。

ぜひ一度、業務の効率化、経費削減というメリットを考え、拠点数を減らすことも検討してみてください。せっかく、がんばってここまで会社を大きくしたのに、という感傷に浸るのはやめて、実利を優先すべきです。

取引業者数の削減を検討する

業務フローを分析すると、取引先に重複・ムダがないかを確認することができます。重複やムダがあった場合は、取引業者の削減を行ないましょう。

取引業者も、本来1社でやれることは1社でやってもらったほうが、打ち合わせも少なくてすみ、かつ、取引量が増えることにより単価の値引き交渉もしやすくなります。

第3章

会社の上層部から着手する

1

まず社長から経費を削減する

給与カットを公表する

　私の知っている会社では、社長自らが経費削減の大号令をかけながら、その社長自身は毎晩、高級クラブで遊んでいます。このような状況は全従業員が知っており、当然、誰も経費削減に真剣に取り組もうとはしていません。

　従業員は、社長の行動でその本気度を測ります。ですから、経費削減を成功させたいなら、まず、社長自らの経費を削減しなければなりません。

　まず一番わかりやすいのが、給与カットです。私の場合は、毎月２００万円の給与をとっていたのを30万円にしました。そして、それを公表しました。

　自分の給与を大幅にカットすると、つくづくお金のありがたみがわかります。そして、なんとしても早く会社を再建し、元の給与に戻そうという気になります。

また、それまでお金がないと何もできないと考えがちでしたが、お金がなくてもいろいろ楽しめるということも再認識しました。お金がなかった学生時代に戻ったような感覚を味わうことができました。

削減の実例

◆年間経費削減額＝170万円×12カ月＝2040万円
◆削減にかかる所要期間＝1日（自分で決めて、次の給与からそれを実行する）
◆削減難易度＝A（やさしい）

社用車の廃止またはレベルダウン

やはり、社長というと高級車というイメージがあります。ですから、これを廃止または大幅にレベルダウンすることは、経費削減を周知させるためにも効果的です。

私の場合もそれまで、トヨタのセルシオ（現、レクサス）に乗っていましたが、これを一番安いカローラにしました。当初、会う人、会う人に驚かれましたが、正直に「会社が赤字に転落しましたので、カローラに変えました」と説明しました。このように説明をすると、ほとんどの人に好意的に受け止めてもらえるものです。

また、タクシーの使用は厳禁とし、公共交通機関を使うようにしました。

削減の実例

◆年間経費削減額＝レクサスＬＳ４６０の３年間リース料は月額16万円。これに対して、カローラセダンの３年間リース料は月額４万２０００円。差額11万８０００円×12カ月＝１４１万６０００円

◆削減にかかる所要期間＝２週間（車を売却し、購入するだけ）

◆削減難易度＝Ａ（やさしい）

社長の交際費・秘書・社長室廃止

以前は、会社のお金で飲むことも多かったのですが、これもやめました。そして、飲む場合はすべてポケットマネーにしました。

ただ、給与が30万円しかありませんので、生活費を差し引くと、事実上ポケットマネーはないに等しくなってしまいます。そのため、お酒は家で飲むことにしました。これで健全な生活になりました。

私は、秘書も雇っていませんし、社長室もありませんが、その手のものも、これを機会に廃止すべきです。秘書の仕事である予定管理は、メールとグループウエアソフトを使えば、自分で楽々できます。出張手配などもインターネット予約を使えば簡単です。

また、社長室は従業員とのコミュニケーションを阻害するだけです。百害あって一利なしですから、すぐに廃止しましょう。廃止すれば、賃料・電気代・観葉植物のレンタル代などが節約できます。

削減の実例

◆年間経費削減額＝30万円（社長の毎月の飲み代。これは領収書の分析から判明）×12カ月＝360万円
◆削減にかかる所要期間＝1日（自分で決めるだけ）
◆削減難易度＝A（やさしい）

2 役員を整理する

小さな会社にもかかわらず、副社長、専務取締役、常務取締役など、肩書だけつけている人がたくさんいる会社があります。中には、役職はいわゆる名ばかりで、ほとんど仕事をしていない場合もよくあります。

これまでの功績や事情があったにせよ、このような状況を放置しておくと、従業員のモチベーションを下げるだけです。

以前の商法では、取締役は3名以上、監査役は1名以上いないとダメでしたが、法改正により、役員は1名でOKとなり、監査役も不要となりました。経費削減を進めたいなら、すぐにでも株主総会・取締役会決議などの手続きを経て組織変更を行ない、社長以外の名ばかり役員はすべて退任していただきましょう。会社によっては、名ばかり顧問・名ばかり相談役を置いている会社もありますが、これも同様です。

削減の実例

◆年間経費削減額＝10万円（単に名義を借りていただけの役員1名だけだったので、月額報酬は低い）×12カ月＝120万円
◆削減にかかる所要期間＝30日（役員の説得に時間がかかる）
◆削減難易度＝B（話を切り出し、説得するのに心理的抵抗あり）

3
株主を整理する

私の会社の場合、低価格の資格の通学講座というビジネスモデルがNHKで取り上げられたのをきっかけに、いくつものベンチャーキャピタルから出資したいという話がもちかけられました。

当時、将来上場するか否かもまったく考えていなかったのですが、不謹慎なことに「も

らえるお金ならもらってしまえ」という勢いだけで、大手ベンチャーキャピタルと、銀行の子会社であるベンチャーキャピタル、これら2社から出資を受けてしまいました。そして、これがあとで大きな判断ミスだったと気づくのです。

出資を受ける前、これらのベンチャーキャピタルは「上場するための支援は惜しまない」というスタンスでした。しかし出資後は実際に私の会社に役立つようなことは何もしてくれない、というより、何かをしてくれるだけのノウハウをもっていないというのがつき合った2社に対する私の印象です。

また、系列の生命保険への加入を強制されたり、系列の料率の高いリースの利用を強制されたりします。さらに、3カ月に1度、詳細な経営報告を求められ、自分の会社が自分の会社でなくなったような感覚になります。そのため、経営に対するモチベーションも低下してしまいます。

このとき悟ったのが、自分の会社の株式は自分だけで保有すべきだということです。もし現在、全株式を自分で保有しているのであれば、絶対に株は譲渡しないことをおすすめします。逆に、株式が分散している場合には、お金がかかっても株を買い戻すことをおすすめします。株主が1名になると、当然、株主総会もいらなくなり、経費削減にも役立ちます。

わが社の場合、会社が赤字に転落することが判明した段階で、さらに理不尽な要求が加わりました。そのとき私は、このままベンキャーキャピタルを株主として残しておくと、会社を再建することすらできないと判断し、ベンチャーキャピタルに手を引いてもらおうと決めました。

まず、大手ベンチャーキャピタルには、「このままでは会社が遅かれ早かれ倒産してしまう」ということを詳細に説明しました。その上で追加出資するか、撤退してほしいと迫ったのです。また加えて、当時はあった取締役会で「将来上場する予定はない」という決議をしました。

ベンチャーキャピタルは、投資先を上場させることによって利益を出す会社です。ですから、上場しないと言われれば、撤退するしかないわけです。この場合、投資額全額の返還を要求されますが、「返還の余裕はない」と言い、あとは交渉となりました。倒産して回収不能になるより、少しでも回収したいと考えるからです。わが社の場合、そのベンチャーキャピタルから2800万円の出資を受けましたが、3カ月の交渉のすえ、返還したのは400万円でした。

ただ、銀行系キャピタルは、同じように交渉してもうまくいきませんでした。そこで、2年かけて手を引いてもらう計画をたてました。

④現在（平成19年3月31日現在）

株主名	持株（株）	比率
山田（浩）	5,365	56.62%
山田（幸）	3,770	39.79%
義理の父	20	0.21%
義理の母	20	0.21%
キャピタル	300	3.17%
合計	9,475	100.00%

⑤株主割当増資実施（均等割当）　平成19年4月実施

1株 50 円で、

50,028 株増資

総額 2,501,400 円

株主名	振込金額（円）	持株（株）	割当分比率
山田（浩）	1,416,300	28,326	56.62%
山田（幸）	995,300	19,906	39.79%
義理の父	5,250	105	0.21%
義理の母	5,250	105	0.21%
キャピタル	79,300	1,586	3.17%
合計	2,501,400	50,028	100.00%

⑥株主割当増資実施後株主構成（④＋⑤）

株主名	株主割当申込	持株（株）	比率
山田（浩）	あり	33,691	58.38%
山田（幸）	あり	23,676	41.03%
義理の父	なし	20	0.03%
義理の母	なし	20	0.03%
キャピタル	なし	300	0.52%
合計		57,707	99.99%

⑦株式併合実施後株主構成　570株併合　平成20年6月実施

株主名	株主割当申込	持株（株）	比率
山田（浩）	あり	59	59.00%
山田（幸）	あり	41	41.00%
義理の父	なし	0	0.00%
義理の母	なし	0	0.00%
キャピタル	なし	0	0.00%
合計		100	100.00%

図表3-1 株主割当増資

①現在（平成18年12月31日現在）

株主名	持株（株）	比率
山田（浩）	740	46.25%
山田（幸）	520	32.50%
義理の父	20	1.25%
義理の母	20	1.25%
キャピタル	300	18.75%
合計	1,600	100.00%

②株主割当増資実施（均等割当）

1株 500 円で、

10,000 株増資

総額 5,000,000 円

株主名	振込金額（円）	持株（株）	割当分比率
山田（浩）	2,312,500	4,625	46.25%
山田（幸）	1,625,000	3,250	32.50%
義理の父	62,500	125	1.25%
義理の母	62,500	125	1.25%
キャピタル	937,500	1,875	18.75%
合計	5,000,000	10,000	100.00%

③株主割当増資実施後株主構成（①＋②）

株主名	株主割当申込	持株（株）	比率
山田（浩）	あり	5,365	56.62%
山田（幸）	あり	3,770	39.79%
義理の父	なし	20	0.21%
義理の母	なし	20	0.21%
キャピタル	なし	300	3.17%
合計		9,475	100.00%

まず、臨時株主総会を開催して定款を変更し、取締役会の権限によって株主割当による新株発行（株主に対してだけ持ち株数に応じて行なう新株発行）ができるようにしました。そして、なるべく短期間、たとえば1週間くらいで株主割当に応じるか否かを通知させるようにします。

通常の新株発行の場合、現在の株価に近い価格で発行しなければなりませんが、株主割当だけは、株主全員に機会が与えられるので自由な価格で発行できます。1株1円でもOKです。

その後、実際に年に何回かに分けて株主割当による新株発行を行ないました。私の場合、資金がなかったので、なるべく低い価格で発行しました。

このような新株発行に対して、ベンチャーキャピタルが出資することはまずありません。稟議を通すだけの期間がないからです。そのため新株発行を続けると、ベンチャーキャピタルの株式の割合はかなりの勢いで低下します（図表3-1）。

そして2~3年たったころ、株式を併合（複数の株式をひとつにすること）します。これにより、ベンチャーキャピタルの株式は1株未満になりますから、裁判所を通じて、買い取ることができます。

銀行系キャピタルから2100万円の出資を受けていましたが、最終的には、全株式を約25万円で買い取ることになりました。

もちろん、この方法は適法です。以前はこのような方法は認められていませんでしたが、商法が改正され、機動的に運用できるようになりました。頭さえ使えば、ほとんどお金をかけずに株主に手を引いてもらうことも可能になったのです。

ベンチャーキャピタルとうまくいっていない会社の方はぜひ、参考にしてください。

ただし、実行する際には必ず弁護士に相談してください。

削減の実例

◆年間経費削減額＝10万円（株主総会が不要になることにより削減される費用）
◆削減にかかる所要期間＝2年
◆削減難易度＝C（手続きがたくさんあり、非常に時間がかかる）

第4章

支出項目ごとに削減する

1
広告宣伝費を削減する

現在出している広告の効果を測る

従来、広告といえば、①テレビCM、②新聞広告、③雑誌広告が御三家でしたが、最近、これらへの広告費はすべて減少の一途を辿っています。その大きな原因は、効果の低さでしょう。

わが社のような学校業界の場合、以前は、雑誌広告による集客がほとんどでした。多くの学校が雑誌に広告を掲載して、雑誌広告を出さないという選択肢は考えられない状況でした。

しかし、私は2004年ごろから、雑誌広告の効果が徐々に薄れていることに気づき、2006年には、雑誌広告をすべてやめました。おそらく、学校業界の中ではじめてのことだったと思います。やめる際、広告会社の担当者からは、「これでは御社は半年後につぶれますよ」と脅されたことをいまでも鮮明に覚えています。正直なところ、すべての雑誌広告をやめると売上げはどうなるのか、不安でもありました。

ところが、広告をやめて半年たっても、売上げはまったく落ちませんでした。むしろ伸びたくらいです。1年がたったころには、雑誌広告をすべてやめてよかったのだと確信しました。その後、わが社に続く学校が出るようになり、いまでは雑誌広告を載せる学校のほうが少数になりました。

広告には麻薬的な側面があり、一度始めるとなかなかやめられません。効果がないと気づいても、広告担当者から「広告にはインプレッション効果というものがあり、何度も御社の社名や商品名を聞くことにより、それが頭の中に染みこみ、申込みに至るのです。広告の効果はすぐには出ず、じわじわと効いてくるものなのです」という説明を受けると、つい、「なるほど」と思って、広告をやめることができなくなります。

広告には、たしかにインプレッション効果というものがありますが、それはあまり大きな効果ではありません。広告を出したら、どの広告から何人集客でき、いくらの売上げがあがったのかという効果測定をしましょう。その結果、効果がないということがわかったら、即座にやめるべきです。

ホームページをきちんとつくる

広告の中で、その効果に注目が高まっているのがインターネット広告です。

いまや、自宅にいながら、欲しいものを購入したり、探している情報を入手したり、さらには恋人を探したりすることもできます。逆に、ネットでできないことを探すほうが難しいくらいです。このような環境の変化により、インターネット広告が、その効果や需要を伸ばしているのも十分納得できます。

以上のような状況の中、集客の最大の武器となるのがホームページです。上手にお客様を自社のホームページに誘導し、きちんとホームページを読ませ、資料請求や申込みにつなげるという一連の流れをつくることで、売上げをあげることができます。このようにホームページを売上げにつなげるためには、次の2つのノウハウが必要になります

①ホームページを作成するノウハウ。いかに商品が売れるホームページをつくるかが目標となる

②ホームページにお客様を誘導するノウハウ。インターネット広告全般がこれに当たる。また、検索エンジンの検索結果の上位に表示させる技術（ＳＥＯ）も必要

私もこれらのノウハウを取得するのにたいへん苦労しました。たくさんのセミナーに参加し、多くの書籍を読みあさりました。

ただ、そうやって勉強していくと、これらのノウハウは、従来の営業に関するノウハウとなんら変わるところがないことに気づきます。ホームページをつくるノウノウは、まさにチラシをつくるノウハウとほぼ同じです。インターネット広告も従来の広告のつくり方と変わりません。

ですから、営業に関するノウハウを懸命に自社で研究したように、今後はこれらについても、自社で精通することが不可欠となります。にもかかわらず、ＩＴという言葉に惑わされ、ＩＴ企業に丸投げしている会社が多数あります。これでは、営業という会社の根幹を他社に握られているようなものです。

はじめは慣れないかもしれませんが、ホームページやインターネットについても理解し、十分活用できるように努力してください。

アフィリエイトを活用する

アフィリエイトとは、いわばインターネット上の営業代行のようなものです（図表４−

1)。通常の広告との違いは、成果が出た分についてだけ報酬を支払えばいいのです。だから、損をするということはまずありません。

また、アフィリエイトというと、「効果がない」という声をよく聞きますが、それはやり方次第です。実際、わが社の場合は、売上げの約4割がこのアフィリエイト経由です。テレビCMをやって成功する会社もあれば、失敗する会社もあるように、要は、成功するためのノウハウを習得できるか否かにかかっています。

アフィリエイトの成功の要因を書くと、それだけで1冊の本ができてしまうので、ここでは要点だけを書いてみます。

まず、どこのASP(図表4-2)と契約するかが問題となりますが、日本で一番アフィリエイターの数が多いA8・net(エーハチネット/株式会社ファンコミュニケーションズ運営)に加入すれば、まず間違いないと思います。わが社の売上げもA8・netが大多数です。以前、いろいろな会社を試してみましたが、いまでは、A8・netに最大限のエネルギーを費やしています。

次に、自社の営業代行をしてくれるアフィリエイターをどのように集めるかが問題となりますが、これについては、地道に少しずつ自社のファンを増やす以外に方法はありません。

図表4-1 アフィリエイトのしくみ

●アフィリエイト

アフィリエイトとは個人が運営しているサイト・ブログ・メルマガと、広告を掲載してほしい企業が提携をし、その広告効果に応じて報酬が支払われるサービス。興味をもった商品やサービスと提携を結んだ人は、自分のサイトに広告を掲載することができるようになるので、あとは宣伝効果に応じて広告収入を獲得することができる。

●広告報酬の払い方

成果報酬型。例えば「広告をクリックされたら2円」「会員登録されたら200円」など、広告主は指定した具体的なアクションに応じて、広告報酬を支払う。代表的な報酬条件は以下のとおり。

●報酬条件例

例1　広告がクリックされると「2円」支払い
例2　広告経由でサービス利用の申込みで「3000円」支払い
例3　広告経由で商品購入されると「購入金額の20%」支払い

出所：A8.netのホームページより作成

図表4-2 ASPとは

●ASPの意義

アフィリエイター（自分のホームページ・ブログなどに広告を掲載する人）と広告主との間を取りもつ仲介業者のことをASP(アフィリエイト・サービス・プロバイダー）と呼ぶ。アフィリエイターはアフィリエイトを始める際には、まず、ASPに登録する。その後、それぞれの広告主と提携を結ぶことになる。

●ASPの存在価値

アフィリエイターにとっては、ASPという第三者が加わることによって受け取る報酬が広告主によって不正に操作されるのでは、といった心配が軽減される。広告主ごとに得られた報酬をASPがまとめて支払ってくれるので、ASPが間に入ることで非常に便利になる。

広告主の側からしても、比較的低コストでアフィリエイトプログラムを導入することができ、アフィリエイトパートナーを集めやすいなどのメリットがある。また、個々のアフィリエイターへの報酬支払いという煩雑な業務も代行してくれるので、業務が軽減される。このようにASPを間に挟むことにより、アフィリエイターと広告主の両者にとってメリットがある。

メールで勧誘したり、Ａ８・ｎｅｔが実施するイベントに参加したり、アフィリエイター向けセミナーを開催したりと、少しずつ有力なアフィリエイターと提携していきましょう。

そしてその後は、自社の見学会を開催したり、イベントをやったりして、アフィリエイターと信頼関係を形成していくことが大切です。信頼関係で結ばれたアフィリエイターたちは、強力な営業部隊となります。つまり、自社の営業部をネット上につくり上げていくような感覚です。

なお、Ａ８・ｎｅｔと契約すると、担当のコンサルタントが1名つきます。このコンサルタントとの関係も重要です。自社のために一生懸命やってくれるコンサルタントとめぐり会うことが重要だと思います。

ＰＰＣ広告を自社で実施する

ＰＰＣ広告とは、ヤフーで検索した場合には「スポンサーサイト」、グーグルで検索した場合は「スポンサーリンク」と書かれた部分のことで、ページの上や右端に表示されます。

この広告の表示順位は原則として、ワードの入札により決定されます。つまり、あるワードをより多くの金額で入札したところが、そのワードが検索されたとき上位に表示されます。

このPPC広告については次のようなノウハウが必要です。

●どの検索ワードをいくらで入札し、黒字にするかという予算管理のノウハウ

●タイトル・説明文をどのように書き、クリック率を上げるかというライティングのノウハウ

●ホームページのどのページに誘導するかというランディングページのノウハウ

これらのノウハウについてはくわしく説明してある書籍などで勉強してください。PPC広告においても、自社で制作・管理し、ノウハウを蓄積すべきだということです。

わが社も、当初、PPC広告の運用代行会社にお任せしていました。ところが、あまりうまくいかず、他の運営代行会社に替えてみましたが、あまり効果はありませんでした。その後、自社でやるようになって、やっとうまくいくようになったのです。

いろいろな運営代行会社の方から「ここだけの話」として聞いた話ですが、うまくいかない理由のひとつは、その報酬体系にあるそうです。使った広告費の2割が運営会社の報酬になるので、なるべく多くの広告費を使わないと運営会社は儲かりません。そのため、

多少、採算を度外視して広告を出すことになります。それでもあまり多くの報酬は得られないので、運営代行会社はある程度、手を抜いてやらざるをえないというのです。結局、PPC広告は自社で運用することが経費削減につながり、一番よいといえるでしょう。

SEO対策を自社で行なう

SEOとは、ヤフーやグーグルなどの検索エンジンで検索した場合に、自社のホームページを上位に表示させる技術です。

ヤフーやグーグルで、あるワードを検索したとき、通常、検索結果の上から順にホームページを閲覧していくことが多いのではないでしょうか。つまり、なるべく上位に表示されているほうが多くの人に見てもらえるので、SEOは非常に重要です。

このノウハウについても、たくさんの書籍が出版されていますので、それらをご覧ください。ただ、1点注意させていただくとすれば、SEO対策も、業者に頼むのではなく、自社で行なうべきです。

SEO業者に頼むとかなりの費用がかかるばかりでなく、そのノウハウを永遠に得ることができません。「自社でやる」と決めてはじめて、ノウハウが蓄積できるのです。私ははじめに、鈴木将司先生（社団法人全日本ＳＥＯ協会代表）の書籍を読み、それから毎年1回は鈴木先生のセミナーに参加して最新情報を入手し、自社でＳＥＯ対策を実施しています。

今後、ＳＥＯはすべての会社の営業に不可欠の知識となります。1日も早く、ＳＥＯの勉強を開始し、精通することが大切だと思います。

削減の実例

◆年間経費削減額＝2400万円（わが社がやめた雑誌広告の年間費用）－約600万円（PPC広告・SEOの年間経費）＝1800万円

◆削減にかかる所要期間＝半年間（アフィリエイト、PPC広告、SEOのノウハウ取得期間）

◆削減難易度＝C（ノウハウの取得がたいへんなため）

2 仕入・外注費を削減する

仕入・外注費の削減の方法

仕入・外注費を減らせば、経費削減に役立つことは誰にでもわかります。問題は、その方法です。

まず、仕入れるものが既製品なのか、特注品なのかでその方法は違います。また特注品の場合、他の会社でもできるものなのか否かでも、対応が異なってきます。

既製品のように、どこから仕入れても品質があまり変わらないものの場合、次のような方法がよいでしょう。わが社も大量に仕入れる文房具などはこの方法で経費削減を行なっています。

①相見積もりをとり、なるべく安い単価で購入する。また、一般的にネットショップは実在店舗より安いので、ネットで購入できるものはネットで購入する

②仕入業者をまとめて発注量を増やし、単価を下げる

③仕入れはメーカーから直接、それができない場合はメーカーに近い第1次卸を選ぶ

一方、特注品で、発注先によって品質が変わるものの場合、単価だけで発注先を決めると品質が低下し、ひいてはクレームの原因になりますので、注意が必要です。このような場合は、まず品質を重視して発注業者を決定し、その上で、なるべく自社の希望に沿った単価にしてもらえるように、何度も打ち合わせすることが必要となります。その場合、両者でＷＩＮ・ＷＩＮの関係をつくり出すという姿勢が重要です。一方的に単価を下げさせようとすると、発注先のモチベーションが下がり、品質に影響するからです。

以上のように、仕入費の削減については、仕入れるものの性質によって対応を変えることが重要です。

「誰が」「いつ」「いつまでの分を」「どのように」発注するのか

少しでも安く仕入れることと同様に、ムダな仕入れをなくすことも大切です。例えば、わが社のような学校の場合、教材の印刷を発注するときに、将来の受講生数を正確に予測することは困難です。そのため、発注数によっては教材が余ったり、足りなくなったりす

ることもあります。もし、大量に余ってしまった場合は、印刷経費のムダが発生するだけでなく、破棄するための費用まで別途発生します。反対に、足りなくなると再発注することになりますが、印刷の場合、発注数が少ない場合は単価がかなり高くなるので、経費増となります。

このように、仕入れの場合、「誰が」「いつ」「いつまでの分を」「どのように」発注するかが経費削減の観点からも重要となります。

①誰が発注するか？

発注数量を決めるためには、過去のさまざまなデータを分析し、予測することが不可欠です。そのため、きちんと発注担当者を決め、責任をもって発注させることが大切です。

②いつ発注するのか？

定期的に在庫を確認し、「残りいくつになったら発注をかける」というルールをつくり、実行することが大切です。これによって欠品を防止できます。

③いつまでの分を発注するのか？

ものによっては品質が低下したり、陳腐化したりするものがありますから、仕入れるものごとにいつまでの分を発注するのかというルールを定めることが大切です。

④どのように発注するのか？

発注という業務は、発注した後の精査が重要です。つまり、誰が、いつ、どれくらい発注したら、ロスが最小になったかを知ることが重要なのです。そのため、後で発注のレベルが精査できるように、すべての発注内容を記録しておきましょう。

仕入費の支払方法

仕入業者とのＷＩＮ・ＷＩＮの関係を築くために、支払方法は重要なポイントです。

①支払手段

現金による支払いと手形による支払いがあります。ただ、手形による支払いは相手方に負担をかけます。なるべく現金で支払いたいものです。

②支払時期

相手が一番喜ぶのが前払いです。また支払う側からすると、現金で、かつ、前払いをすることによって、単価を下げてもらうという交渉ができる場合もあります。ただ納品前に相手が倒産すると、前払いした分は不良債権となるので、注意が必要です。

現実には後払いが一番多く、「月末締め、翌月末払い」が最も一般的だと思います。わが社の場合は、請求書が届いた翌日の支払いという形態をとっていて、振込みはネットで行なっています。事務手続きも簡単で、かつ、相手方から信用を勝ち取ることができますので、おすすめです。

③支払方法

通常、支払方法は一括支払が多いと思います。

ただし、わが社の場合、1年に1回発注する印刷については、12カ月分割で支払いをさせてもらっています。通信講座の教材は、1年に1度は改訂しますので、印刷も1年に1度となります。

ただ通信講座の場合、受講の申込みは毎月平均的にあります。つまり、教材の印刷費用の回収はその後1年をかけてすることになるのです。

通常、このような場合、銀行から運転資金を借りて回しますが、私は銀行が大嫌いです。そこで、印刷屋さんにお願いして12分割支払にしてもらい、銀行からの融資を不要にしています。もちろん、印刷屋さんには、通常、納品時に一括して支払うものを分割にしてもらっているので、金利相当分の価格を上乗せし、かつ、毎期決算書を提出して信頼されるように努力しています。

取引業者の削減

取引業者数の削減も、仕入・外注費を削減する方法のひとつです。

会社には日常的に、いろいろな提案がもちこまれます。それらのうち、いいものだけを採用していくのですが、結果として、それらがムダになる場合も多々あります。例えば、A支店では相見積もりの結果、甲会社の支店、B支店では相見積もりの結果、乙会社の支店との取引が始まったとします。しかし、会社全体でまとめて一括管理し、甲・乙どちらかの会社の本社と取引することによって、各支店で個別に発注するよりも価格が下がることはよくあります。加えて、交渉・打ち合わせの業務も約2分の1になるはずです。取引業者数を減らすということは、経費削減のみならず、業務削減にも役立ちます。

また、これによって、1業者当たりの打ち合わせ時間を長くすることもできます。安くても質の高い商品がほしいというお客様が増えているいま、その要望に応えるためには、以前よりも綿密な打ち合わせが必要になります。取引業者を減らせば、それが可能になるのです。

さらに、取引業者数を減らすと、残った業者との取引額は大きくなります。そうすると、価格交渉がしやすくなるだけでなく、取引業者からいままでよりもよい待遇を受けることができます。
このように、取引業者数を減らすと、経費削減だけでなく業務にさまざまな効果が期待できます。

削減の実例

◆年間経費削減額＝60万円（3社の印刷業者の1本化による単価減少）
◆削減にかかる所要期間＝半年（取引内容の確認に始まり、効果が出るまでには時間がかかる）
◆削減難易度＝B（値引き交渉や取引先の変更などに心理的抵抗あり）

3 その他の経費を削減する

従業員の時給を算出して、真の削減効果を知る

ここでは、まず「従業員の時給」を計算しておきます。

広告費や仕入費以外の経費の削減、例えば、会議や電話応対などの業務を減らしたり、なくしたりすると、それに必要な従業員の労働時間も節約できます。従業員の時給を把握しておくと、その効果の大きさを認識できるのです。

従業員の時給を算定するためには、まず、1カ月間で従業員にかかる報酬・費用を合計し、それを1カ月間の労働時間で割って算定します。

従業員にかかる報酬・費用には次のようなものがあります。

●月給（1カ月間の給与。なお、この給与には残業代は含まれない）

●賞与（年間の賞与を12で割って1カ月当たりいくらになるかを算定して加える）

●社会保険料の会社負担部分

●資格手当・住宅手当などの諸手当や福利厚生費

また、1カ月間の労働時間は、土日祝日休みという一般的な会社の場合、1カ月の労働日数20日に、1日当たりの労働時間8時間をかけて算出します。つまり、20日×8時間＝160時間となります。

次は具体的に、28歳ぐらいの若い従業員について算定してみます。月給は会社・職種により違いがありますが、一般的に、28万円ほどではないかと思います。賞与は年5カ月分が相場として、1カ月当たり0・42カ月分、つまり11万7600円が加算されます。そして、社会保険料の会社負担分を給与の11・775％とすると、28万円×0・11775で3万2970円になります。これらを合計すると、28万円＋11万7600円＋3万2970円＝43万570円。

これを160時間で割ると、約2691円となります。これに諸手当や福利厚生費を加えると、従業員時給は最低でも2800円となるわけです。

同様に、40歳の幹部社員についても算定してみましょう。月給は40万円ぐらいが普通ではないかと思います。賞与は年5カ月分として1カ月当たり0・42カ月分ですから、16万800円が加算されます。また、社会保険料の会社負担分は給与の11・775％とすると、だいたい4万7100円となります。これらを合計すると、61万5100円となります。

これを160時間で割ると、約3844円です。これに諸手当や福利厚生費を加えると、従業員時給は最低でも4000円となります。

本書では一般の従業員の時給を2800円、幹部社員の時給を4000円とします。

福利厚生費を削る

福利厚生費（法定福利費は除く）とは、忘年会・新年会・歓迎会の費用やお茶・お菓子代など、従業員や役員の福利厚生面に関して負担する費用や従業員の慰安のための費用です。

経費削減という観点からは、これらすべてを自己負担とすることも考えられますが、それだと社内がギスギスしてしまいます。私の場合、福利厚生費は削減しませんでした。

ただし、制服については廃止すべきだと考えます。実際、制服を廃止する会社もかなり増えていますので、制服のムダについて検証してみましょう。制服には、以下の2つの費用がかかります。

①制服費用（新調・交換）
②制服を管理する場所代、人件費
この2つを実際に計算してみましょう。

制服の場合、ひとり当たりの1年間の費用は、（1着の制服購入額）÷（制服平均耐用年数）×（ひとり当たりの制服配布数）です。

例えば、1着2万円の制服を2年間で取り替え、ひとり当たり夏と冬で計4着配布している場合は、2万円÷2年間×4着＝4万円です。さらに、制服を着用している従業員が20名いるとすると、20名×4万円＝80万円となるわけです。

また、総務課1名が、月に約1日、制服管理業務を行なっているとすると、1日の人件費（2800円×8時間）×12カ月＝26万8800円となります。

つまり、制服にかかる費用は総額で、106万8800円となるわけです。

計算してみると意外に額が大きいので、廃止するのが妥当です。ただし、次のような場合は例外となります。
●お客様と従業員をひと目で区別する必要がある場合
●ホテルやレストランなど、高級感のある接客をしなければならない場合
ただ、この場合でも、会社全体として制服を存続する必要はありませんので、廃止でき

る部署だけでも廃止しましょう。

削減の実例
◆年間経費削減額＝106万8800円
◆削減にかかる所要期間＝1日（制服を廃止するだけ）
◆削減難易度＝A（やさしい）

接待交際費を削る

接待交際費は、商品の販売量を増大させるため、営業活動をはじめとする事業活動を円滑に進めるためのお中元・お歳暮などの贈答品代や慶弔金、取引先を接待するための飲食代や旅行代などです。

昔の商取引の場合、高価な食事をごちそうすることによって、取引を円滑にするというケースもありました。しかし、現在はそのようなことをすると、不正取引を強要するかのように誤解されるケースも多々あります。そのため、私は接待をすべてやめました。また、やめても、不都合はまったくありませんでした。

お中元、お歳暮、年賀状などのいわゆる虚礼も、私自身がもらってもまったくうれしくないので、これも廃止しました。こちらもまったく不都合はありませんでした。

削減の実例

◆年間経費削減額＝120万円（お中元・お歳暮：5000円セット×年2回×120社分）＋10万円（年賀状・暑中見舞い計2000枚）＝130万円

◆削減にかかる所要期間＝1日（廃止するだけ）

◆削減難易度＝A（やさしい）

旅費交通費を削る

旅費交通費は、営業活動や出張などの事業活動にかかった電車賃、タクシー代、新幹線代、航空運賃などの交通費と、出張のための宿泊費などです。

●タクシー代・ガソリン代・高速料金

タクシーについては、原則として使用を禁止しましょう。当然、社長であっても禁止です。私も以前はタクシーをよく使っていたので、「タクシー厳禁」として一番しんどかったのは、実は私でした。しかし、少し我慢すれば慣れます。また、タクシーをやめると必然的に歩く距離が増えるので健康的です。

ガソリン代・高速料金についても支払方法をクレジットカードにすることによって価格が安くなります。常に研究し、節約するべきです。どのような項目でも削減する姿勢が大切です。

●出張

出張については、原則として禁止とします。打ち合わせにしろ、会議にしろ、出張しなければ仕事が片づかないということはほとんどないと思います。

ただし、例外的にどうしても行く必要がある場合には、金券ショップで航空券やJR切符を購入し、宿泊費はネット（私の会社では楽天トラベルでいつも探しています）で一番安いホテルを予約して、その費用を支給すべきです。

出張旅費規程を設けて、一定の宿泊費を支給している会社も多いと思いますが、そのような場合、従業員は1円でも安いホテルに宿泊し、その差額を儲けているのが実態です。

出張によって従業員に得をさせる理由はありません。実費のみの支給で十分です。

●**定期券代**

通勤のための定期券については、1カ月、3カ月などのいろいろな種類がありますが、一番安くなる6カ月の定期を購入してもらい、その料金を支給しましょう。

例えば、JR横浜駅からJR東京駅までの定期券を購入する場合、次のようになります（2009年6月末現在）。

●1カ月／1万3550円
●3カ月／3万8610円　一カ月ずつ支給より約5％お得
●6カ月／6万5020円　一カ月ずつ支給より約20％お得

削減の実例

◆年間経費削減額＝（月間タクシー代節約1万円＋東京・名古屋出張の禁止約4万〈1回約2万円×月2回〉）×12カ月＝60万円
◆削減にかかる所要期間＝1カ月以内
◆削減難易度＝A（やさしい）

通信費を削る

通信費とは、ハガキ代や切手代、電話料金のことです。

●ハガキ代・切手代

資料送付は、可能なかぎりメールにすべきです。これによって、切手代・封筒代を削減することができます。

●電話料金

電話のムダは3つの側面から検討する必要があります。

①かける者の人件費
②受ける側の人件費
③電話料金

まず、①②の人件費については、1週間、電話について全従業員に記録・報告させ、(全従業員数)×(1日当たりの電話に要する時間)×(従業員の平均時給)×(1カ月の営業日数)×12カ月で、算出できます。

例えば、20名の社員が毎日の電話を平均1時間かけている場合、20名×1時間×2800

円×20日間×12カ月＝１３４４万円です。

なお、部署ごとに電話回線を分けている場合、電話料金の明細書を見れば、どこの部署の電話が多いのかすぐにわかります。

また、電話料金は月々の請求書を見ればわかります。例えば、月に10万円として、年間１２０万円です。

つまり、総額１４６４万円です。額として大きいので、削減するのが妥当でしょう。

電話料金については、なるべくメールにすることで削減が可能です。携帯電話は私用で使われる場合が多いので、会社所有では購入しないのがベストです。

また、私の会社の場合、多いのがお客様からの問い合わせ電話です。お客様からの電話を減らす方法として次のようなことを行なっています。
●よく聞かれる疑問点と答えをホームページに掲載し、お客様の疑問を減らす
●電話受付時間を日中の営業時間内に限定する（以前は24時間受付だったが、営業時間内に限定しても、売上げに影響がなかった）
●電話回線の数を制限する。つまり、電話が多くなったからといって回線数を増やさない。お客様には、話し中ということでお待ちいただく
これでもなかなか電話が減らなかったため、現在、通話料金無料のフリーダイヤルから

有料の一般回線に変更することを予定しています。そして、1年以内に、電話でのお問い合わせをなくす予定です。

また、営業の電話が頻繁にかかってきますが、「新規のご案内はすべてお断り」の姿勢を徹底し、時間を節約しています。

削減の実例

◆年間経費削減額＝1464万円（すべての電話をなくしたという前提で。実際にはこの半分ぐらいが実際に節約できる金額となります）
◆削減にかかる所要期間＝14日（ホームページの変更など）
◆削減難易度＝A（やさしい）

会議費を削る

会議費とは、会議・打合せに要した費用です。

まず、重要なことは会議自体を減らす、なくすことです。

私の会社には、現在、東京本社に2名、名古屋支社に4名の従業員がいます。この名古屋の4名のひとりが私の妻で、その他3名のうち勤続10年以上の者が2名です。

まず、東京についていえば当然、会議は不要で、必要があるときにその場、その場で話し合います。

名古屋については、長年の経験から、従業員との意思疎通ができているので会議はいりません。何か決める必要がある場合には、業務を担当する従業員に電話で事情を聞いて、指示すれば足ります。

会議をなぜやめたほうがよいかというと、次のようなムダな点があるからです。

①参加者全員の業務活動を止めてしまう

②事前準備に時間がとられる

③参加者の人件費を浪費する

④会議室の賃料がかかる

会議の場合、報酬の高い役職の上の人が参加する場合がほとんどなので、人件費のムダは相当なものになります。

実際、発表者2名、参加人数10名（幹部社員1名＋一般従業員9名）、会議時間2時間、会議室賃料1時間1万円で会議をした場合を計算してみましょう。

●会議で発表する人の人件費／1回当たり事前の準備に2時間かかるとして、（一般従業員の時給2800円×2時間）×2名で合計1万1200円

●参加者の人件費／通常、一般従業員の時給は2800円ぐらい、役職の上の人の時給は4000円ぐらいとして、（4000円×1名＋2800円×9名）×2時間＝5万8400円

●会議室の賃料／会議室の大きさから、1時間当たりの賃料相当額を算出してみましょう。会社の建物が自社ビルであっても同様です。今回の場合は、1時間1万円×2時間＝2万円

以上、3つの費用を合計すると8万9600円となります。1回の会議に約9万円もかかるわけです。会議をするときは、「本当にこの会議にそれだけのお金をかける価値があるのか」という検証が必要でしょう。

削減の実例

◆年間経費削減額＝約18万円（月2回10名参加として）×12カ月＝216万円
◆削減にかかる所要期間＝1日（廃止を決定するだけ）
◆削減難易度＝B（会議自体がなくても業務が回るシステムの構築が必要）

事務用品費・消耗品費を削る

事務用品費・消耗品費とは事務に使うための文房具類や伝票類、ＯＡ機器の事務用消耗品などに必要な費用です。

まず、文房具の購入にはネット通販を利用すれば、従業員が外出しなくても安い商品が手に入り、便利です。また、会社の近くに１００円ショップがあるならば、それを利用するのも手です。

さらに、なんでも新品である必要はないので、ものによっては中古販売店やネットオークションで購入して経費を削減します。

私の会社の場合、事務用品ではありませんが、印刷機は中古で購入しています。近年の不況によって印刷業者の倒産が増えているので、中古の印刷機はかなり安く入手できます。

消耗品費については、社内配布用文書のコピー代を見直しましょう。社内用の文書は、読めればいいと割り切ればコピー代を削減できます。削減のコツは3つです。

①カラーでなくモノクロで出力
②新品の紙ではなく、裏紙利用
③2分の1に縮小しても読めるものは縮小印刷

これらを合わせた場合の削減額は、次のようになります。ただし、これは経費削減前、社内配布文書をすべてカラーで出力していたことを前提に算定しています。

まず、1枚当たりのコピーチャージ料はカラー出力だと25円ぐらいですが、モノクロだと5円ぐらいです。つまり、コピー1枚当たり20円節約できます。

また、裏紙利用ならば、新品の紙代1枚当たり約1円が不要になります。

さらに、2分の1に縮小し、2枚分を1枚の裏紙にコピーすると、枚数は半分ですみます。これによって、コピーチャージ料・紙代も2倍節約できます。つまり、コピー1枚当たり42円節約できます。

では、年間でどれくらいコピー代を節約できるか、計算してみましょう。

計算式は、(月間従業員1名当たりの社内配布文書枚数)×(従業員数)×12カ月×(1枚当たりの節約金額) となります。

従業員数20名、1カ月の配布文書50枚で計算すると、50枚×20名×12カ月×42円=50万4000円にもなります。まさに「塵も積もれば」です。

削減の実例

◆年間経費削減額＝50万4000円（コピー代節約）
◆削減にかかる所要期間＝1日（コピーのとり方を変えるだけ）
◆削減難易度＝A（やさしい）

新聞図書費を削る

新聞図書費は、業務を行なう上で必要な情報を収集するために購入する新聞、書籍、地図、雑誌などの講読費、購入代金のことです。

いまや、ネットで検索すればたいていのことはわかりますから、業界紙など、本当に必要不可欠なもの以外は廃止すべきだと思います。

ただ、私の会社の場合、学校という業種のため、かなりの参考書籍が必要になります。そこで、書籍は基本的に、アマゾンの中古を購入するようにしています。これなら買いにいく必要もないので便利です。そして、不要になったら、ネットで売却します。このようになるべく安く買い、なるべく高く売れば、経費が削減できます。また、書籍棚がどんどん必要になるという事態も防ぐことができます。
参考までに購買を中止した新聞・雑誌の一部を示しておきます。

- A新聞／月額4383円×3カ所＝1万3149円
- B新聞／月額3568円×3カ所＝1万704円
- 官報／月額3596円（2009年6月末現在）
- Cビジネス／年間2万3000円×3カ所＝6万9000円
- Dパソコン／年間1万3800円×3カ所＝4万1400円
- Eトップ&リーダー／年間1万2840円×3カ所＝3万8520円
- F業界新聞／年間1万5400円×3カ所＝4万6200円
- 月刊業界G／年間15万円

削減の実例

◆年間経費削減額＝約105万円（詳細は172ページ参照）
◆削減にかかる所要期間＝1日
◆削減難易度＝A（やさしい）

諸会費を削る

諸会費とは、事業、商売を円滑に行なうために入会が必要な商工会や同業者団体、町内会などの団体に支払うお金です。

団体によっては事業にまったく役立たない、ただのおつき合いのようなものもありますから、そのような団体はきっぱりと退会しましょう。私の会社の場合、商店街組合・町内会に至るまで、すべて退会しました。それで困ることは何もありませんでした。

削減の実例

◆年間経費削減額＝1万円（会費）×12カ月＝12万円
◆削減にかかる所要期間＝1日（退会するだけ）
◆削減難易度＝A（やさしい）

支払手数料を削る

支払手数料には税理士・弁護士・経営コンサルタントなどへ支払う顧問料などの各種報酬や、銀行の振込手数料、警備会社・清掃会社へ支払う業務委託手数料などがあります。

●振込手数料

年間でかなりの額になりますので、しっかり節約しましょう。まず、手数料はネットバンクが最も安いので、これを利用しましょう。また、振込手数料を相手方負担にしている会社もあります。ここまでやるか否かは良心の問題だと思います。

●清掃会社へ支払う業務委託手数料

会社の清掃ならば、従業員でやり、経費を削減すべきです。

この他の支払手数料については、私の会社の場合、税理士への報酬は決算報酬を含めて、月額20万円です。少し高いと思われるかもしれませんが、売上げなどのデータベースの構築もこの報酬の中でやってもらっています。

弁護士費用は月額3万円で、取引先との契約の際、すべて事前にチェックしてもらっています。中には、とんでもない契約書を平気で出してくる会社もありますので、契約書の事前チェックは絶対に必要です。私も行政書士なので契約書についてはよくわかりますが、安全を期して、私と顧問弁護士のダブルチェックにしています。

警備会社との契約については、やめるべきか悩んでいます。警備会社への支払いもバカにならないのですが、過去に一度、ドロボーに入られているので、なかなかやめることができません。今後、さらに検討していこうと思っています。

削減の実例

◆年間経費削減額＝5万円(清掃費用)×12カ月＝60万円
◆削減にかかる所要期間＝5日（個々の契約を見直すだけ）
◆削減難易度＝B（取引解消の場合、心理的抵抗あり）

保険料を削る

保険料とは、各種損害保険・自動車保険・会社が契約者や保険受取人になる生命保険の費用です。

●**自動車保険**

この後で述べるように、会社所有の車は廃止すべきだと思いますので、当然、自動車保険は不要になります。

●**生命保険**

通常、経営者用の生命保険は掛け金が高額になりますので、業績が悪い場合には、いったんすべて解約すべきです。心配ならば、業績が回復してから再度加入しましょう。

削減の実例

◆年間経費削減額＝14万円（自動車保険料〈自賠責含む〉4万円＋生命保険料10万円）×12カ月＝168万円

◆削減にかかる所要期間＝3日（車を売却して、保険を解約するだけ）

◆削減難易度＝B（保険の解約に心理的抵抗あり）

車両費を削る

車両費とは、業務用に使っている自動車の維持費（車検工賃含む）・燃料費・保険（自賠責保険・任意保険）・税金（自動車税・自動車重量税）などです。

車種にもよりますが、2000ccクラス1年間で、自動車税3万9500円、自動車重量税1万8900円、自賠責保険1万5415円、車検工賃1万4725円で、合計8万8540円かかります（2009年6月末現在）。これに駐車場代、ガソリン代、修理費などを加えると、最低でも年間約20万円（前項の保険料は除く）はかかります。さらに、車両購入費を考えると、かなりの額となります。

これらを削減するためには、社用車を廃止し、従業員から月々一定金額で自動車を借りるという手もあります。2009年6月現在でカローラセダンの3年間リース料は月額で4万2000円なので、1カ月3万円程度で従業員から借りることも検討しましょう（178ページ参照）。これなら、従業員は自動車通勤できて便利で、かつ、自動車賃料によって儲けることができます。社用車を購入しなくていいので経費削減に役立ちます（従業員から借りた場合でも駐車場代はかかるので、この点の経費削減はできません）。

私の会社の場合、以前、名古屋の2支店の間の荷物の搬送のため社用車2台を保有していましたが、名古屋を1拠点にした時点で、1台廃止しました。何かを廃止する場合、それによって、なんらかの不都合が生じるのではないかと心配になりますが、実際にやってみると、そのような心配はほとんど杞憂に終わりますので、ご安心ください。

削減の実例

◆年間経費削減額＝20万円（1台の社用車廃止）
◆削減にかかる所要期間＝1日（社用車を廃止するだけ）
◆削減難易度＝A（やさしい）

水道光熱費を削る

業務用に使っている水道料金、電気料金、ガス料金です。

●水道料金

まず女性の場合、トイレ内の音を消すために不必要な水を流す人が多いのですが、これは当然、水道料金のムダです。このムダをなくすためには流水擬音装置（ＴＯＴＯ製の「音姫」が有名）を設置すると効果的です。
また、蛇口用節水機器を取りつけると、最大50％の節水効果があります。

●電気料金

電気料金を削減するためには、常に従業員各自がこまめな対応を心がけることが必要となります。それを維持するためには、標語を至るところに掲示しておくのが効果的ですから、標語の形式で要点をまとめてみましょう。

【照明】
・スイッチはこまめに切る！
・昼休みの休憩時間は消灯！

【パソコン・プリンター】
・退社時には電源ＯＦＦ！

【エアコン】
・設定温度は、夏28度、冬20度に！
・フィルターはこまめに掃除！

【エレベーター】

・上下2階分までの移動は歩く！

実際にやってみるとわかりますが、電気代節約のポイントはこれらを貼り紙にしておくことにあります。目につくところに貼っておいて、節電が習慣化されるようにしましょう。

削減の実例

◆年間経費削減額＝約1万円（主に電気代の節約、東京・名古屋2拠点分）×12カ月＝12万円

◆削減にかかる所要期間＝1日（張り紙をして周知徹底するだけ）

◆削減難易度＝A（やさしい）

4 人件費を削減する

人件費を削減する手順

人件費削減の場合、

①残業を禁止する
②給与を削減する
③ワークシェアリング
④希望退職を募る
⑤退職勧奨を行なう

と、まず、残業禁止、給与削減、ワークシェアリングを検討し、それでも赤字と判断される場合には、希望退職制度を導入します。さらに、それでも赤字が解消されない場合には、退職勧奨、つまり人員削減を進めることになります。

これらについて順に説明していきましょう。

まず、残業禁止は比較的赤字が少ない場合、具体的には、残業代の総額をカットすれば、人件費に関する目標構成比率が達成できる場合に行ないます。行なう条件としては、これによって、赤字から黒字に転化できる場合に限ります。反対に、残業禁止によって黒字化できない場合には、次の給与削減を検討します。

給与削減は、経費削減という観点からは効率的ですが、従業員のモチベーションを大きく下げることになるので、慎重に行なう必要があります。また、一度に大きく削減すると、従業員が生活できなくなりますので、その配慮も不可欠です。このように考えると、実際には大きな削減は難しいので、そのメリットよりもデメリットのほうが大きくなるのが一般的です。それでも実施する場合は、対象者に十分に説明し、納得してもらった上で行なうべきでしょう。

ワークシェアリングとは、勤労者同士で雇用を分け合うこと。各々の労働時間を短くする方法が一般的です。労働時間の短縮に伴い、給料も減少しますので、給与削減と同様、従業員のモチベーション低下の問題に直面すると思います。給与減額の場合、比較的給与の高い管理職が対象になる場合が多いのに対して、ワークシェアリングは業務を分担しやすい、現場の従業員が対象となります。ただ、現場の従業員の給与は必ずしも高くないので、それを削ることになるワークシェアリングの導入はかなり難しいと思います。
以上のように、残業禁止、給与削減、ワークシェアリングは、従業員のモチベーションの維持、さらに組織の維持が難しいので、導入には慎重にならざるを得ません。そのため、希望退職、退職勧奨を実施する会社が多いのです。

では、希望退職や退職勧奨などの人員削減について考えてみましょう。退職勧奨の場合、誰に対して退職勧奨を行なうのかを決定する段階、及び該当する従業員に伝える段階で、担当者にかなりの精神的負担を強いることになります。その点、希望退職の場合は自ら希望した従業員に退職していただくことになるので、担当者の精神的負担は軽減されます。ただし、希望退職の場合、

●優秀な人材が退職してしまうことが多い
●募集人数になるまで何度も募集した場合、現場のモチベーションを下げることになる
●予想以上に希望者が殺到した場合、会社に対する不満の大きさを露呈することになり、その後の経営に支障が出る

といった難点があります。これらのメリット・デメリットを勘案して、希望退職を募るのか、退職勧奨を行なうのかを慎重に検討する必要があるでしょう。

人員削減にあたっての覚悟

新聞に「1000人の人員削減!」とか、「5000人早期退職者募集」など、大手企業の記事が掲載されたのを見たことがあると思います。特にアメリカの場合、景気が悪くなると、すぐに従業員を解雇します。なぜ、景気が悪くなると、まず、人員削減を行なうのでしょうか。

それは、人員削減が最も短期間で、かつ、最大限の経費削減ができるからです。人員削減によって、組織がスリムになって事業が回復した、あるいは会社が存続できたという話を聞いたことがあるでしょう。ただ、安易な人員削減は技術者・技能伝承者がいなくなり、長い目で見て、会社を弱体化させるおそれがある点は十分に留意すべきです。

やみくもに人員削減をするのではなく、かといって人員削減から逃げるのでもなく、最後の手段として人員削減も検討すべきです。会社が倒産すれば、全従業員が路頭に迷います。会社を存続させるために、どうしても人員削減が必要な場合は、一部を救うために、一部を犠牲にするのはやむをえないと考えてください。会社の業績が回復すれば、いったん辞めてもらった従業員を呼び戻すことも可能です。精神的につらい人員削減ですが、経営者はそれから逃げないことも大切です。

人員削減の進め方

人員削減の方法としては、希望退職を募る方法と、退職勧奨を行なう方法があります。

●希望退職の進め方

希望退職とは、通常の退職条件よりも有利な条件を提示して、退職を誘引することです。

例えば、退職金の上乗せなどを提示します。ただ、あまりにも有利な条件を提示すると、退職希望者が殺到するというのが過去の実例です。そうなると、今後の会社経営に支障をきたします。有利な条件の設定は慎重に行なうべきです。

なお、この場合、退職に応じるかどうかは労働者の自由な意思に委ねられています。

●退職勧奨

経営者としては一番やりたくない、退職勧奨の実際的方法についてご説明します。

まず、認識しておいてほしいのは、退職勧奨は会社からの退職のお願いです。従業員に退職を強制するものではありません。会社都合による解雇、整理解雇とは違います。もし、解雇を行なう場合には、さまざまな要件がありますので、こちらについては専門家に相談する必要があります。

では、退職勧奨のポイントをあげていきましょう。

①1拠点1回かぎり

新聞などで大手企業が何度もリストラをしている記事を見ますが、中小企業の場合、何度も退職勧奨をしていると、全従業員のモチベーションが急激に下がり、組織が崩壊してしまいます。

大切なことは、退職勧奨される従業員の気持ちを十分に理解し、配慮することです。リストラの発表が何度もされると、つい「次は自分の番か？」と疑心暗鬼になり、仕事どころではない状態になります。

そのため、退職勧奨は1拠点1回として、発表の際はこれが最初で最後である旨を伝え、少しでも経営者として信頼されるようにしましょう。

②残す従業員と退職していただく従業員を分ける

拠点の閉鎖と退職勧奨を同時に行なう場合は、その拠点に勤務する従業員に退職勧奨を行ないます。これは、退職していただく理由として合理的だからです。

一方、拠点を閉鎖しない場合は、残ってもらう従業員と退職勧奨を行なう従業員を次のような観点で検討します。

●担当職種・能力に鑑み、従業員として雇用する必要があるのかを検討します。具体的に言えば、アルバイト・パートでもやれる仕事しかできない従業員を従業員として雇用し続ける必要はないと判断できます

●現在の担当職務に対して、給与額は妥当かを検討します。高いならば、退職してもらいます。なお、過去の業績は考慮しません。大切なことは、現在の勤務状況とその対価性だからです

●過去3年間の勤務実績に鑑み、真面目に勤務しているか、また、3年間で能力・業績の向上が見られるのかを検討します。従業員の給与は、ほぼ自動的に昇給しますので、能力が向上しない者を雇用し続ける必要はないと考えます

こうやって一つひとつ検討し、残す従業員と退職勧奨を行なう従業員を決めた後は、私は次のように進めました。

まず、残ってもらう従業員に今後のリストラ計画を説明し、「あなたには残ってほしい」と懇願しました。そして、「残るも地獄、去るも地獄だが、がんばってもらいたい」と、今後が必ずしも安泰でない点もきちんと説明しました。そして具体的に、いつ、誰に退職していただく予定であるかについても詳細に説明し、最後に、これらについて口外しない

ようにお願いしました。一人ひとりにきちんと説明した理由は、経費削減をし、会社を再建するためには、残る者のがんばりと信頼が不可欠だからです。

次に、退職勧奨を行なう従業員には、会社の現状として、このままならある時期に倒産することが不可避であること、それを回避するためには退社してもらうしかない旨をていねいに説明しました。そして、自主的に退職してもらえる場合には、規定の2倍の退職金を支払う用意があることも説明しました。会社が赤字に転落し、あまり蓄えもない状況で、規定の2倍の退職金を支払うことは正直たいへんでしたが、それができる精一杯の誠意でした。このように、退職勧奨を行なった従業員にできるかぎりの配慮をした上で、退社してもらいました。

③残った従業員のために業務改善を図る

働く人数が減るわけですから、それまでと同じように業務を続けることはできません。業務がうまく回るように、業務の進め方を改善しましょう。

人が減った後の業務削減の方法

従業員を削減するにあたって、「そんなことをして本当に会社の業務が回るのだろうか」

という不安がありました。そこで、業務量自体を減らし、会社が回るようにする必要がありました。

●視点1　会議・報告書を減らす

人員削減により人が少なくなると、コミュニケーションがとりやすくなり、人数が多かったときには必要であった会議・報告書が不要になります。しかし、意識的に減らそうとしないかぎり、これらはなくなりません。そこで、会議を極力なくす、日報はせめて週報に変えるなどして、これらの業務を減らしましょう。会議のムダについては、すでに述べましたので（111ページ参照）、ここでは、報告書のムダについて検証してみましょう。報告書のムダは以下の3つです。

①報告者の人件費
②報告を受ける側の人件費
③報告書の紙代・出力費用

実際にどれくらいムダなのか、報告書にかかる費用を計算してみましょう。報告者（平均時給2800円）が20名、報告を受ける側（時給4000円）が1名とします。

日報の場合、全社の1年間の報告者の人件費は、（報告者数）×（日報作成に要する時間）×（1カ月の営業日数20日）×12カ月×（報告者の平均時給）となります。

例えば、毎日の日報を30分かけて書いている場合、毎日、20名×0・5時間＝10時間を費やしていることになります。これを1年間で考えてみると、10時間×20日×12カ月＝2400時間です。報告者の平均時給で人件費を考えると、2400時間×2800円＝672万円を1年間で費やしていることになります。

また、報告を受ける者の人件費は、（全従業員数）×（日報作成を読んで指示をするのに要する時間）×（1カ月の営業日数20日）×12カ月×（従業員の平均時給）で計算できます。

例えば、1人の報告書を確認するのに15分かかるとすると、20名×0・25時間＝5時間を毎日費やしていることになります。1年で、5時間×20日×12カ月＝1200時間。報告を受ける側の人件費を考えると、1年間で1200時間×4000円＝480万円となります。

さらに、日報を読む場合、たとえメールでもそのままでは読みにくいので出力するのが一般的です。その費用は、（従業員数）×（日報1枚当たりの紙代＋出力費用）×（1カ月の営業日数20日）×12カ月となります。

例えば、日報1枚当たりの紙代を1円、出力費用を4円とすると、20名×（1円＋4円）×20日×12カ月＝2万4000円となります。

これらのムダを合わせると、時間にして3600時間、金額にして1154万4000

円となります。これらは意外に大きいので、可能ならば廃止し、必要なことは口頭で報告させて、その場でアドバイスするようにしましょう。どうしても必要ならば、週報に切り替えることを検討してください。

●視点2　すべての業務を社内で完結させる

人数が少なくなると、文房具を外に買いにいったり、支払いのために銀行に出かけたりすることすらも負担になってきます。社内の業務が滞ってしまうからです。

そこで、外出せずにすべての業務を行なえるようにすることが必要となります。幸いなことに、いまやインターネットが普及しているので、文房具の購入や銀行振込などはネット経由でできます。このように、外出しないですべての業務ができる体制を整えてください。

●視点3　電話の削減

通信費のところでも述べましたが、業務の中で相当な時間をとられているのが電話の応対です（109ページ参照）。複雑な内容はメールで伝えるより、電話で直接話したほうが効率的ですが、複数の人に一斉に同じ内容を伝える場合には、メールのほうがはるかに便利です。また、お客様からの申込みなどの定型化できるものについても、電話よりメールのほうが適しています。

このように、電話よりメールのほうが効率的なものについては、メールでのやりとりを徹底し、なるべく電話をかけない、受けないようにして、通話を削減することが大切です。

●視点4　取引業者削減も必須

業務量を減らすためには、取引業者の削減が必要となります。すでに、仕入・外注費を下げるための方法として、取引業者削減の必要性は述べましたが（99ページ参照）、人員削減にあたって業務量を減らすためにも必要です。

仮に、従来は100社の業者と取引し、担当従業員は10名いたとします。つまり、従業員ひとり当たり10社ということになります。もし、従業員を半数の5名にした場合、取引業者数をそのまま維持すると、従業員ひとり当たり20社となってしまいます。これでは、業者との打ち合わせ時間も不足することが目に見えており、業務の質が低下することは明らかです。従業員の削減に伴って、取引業者数も同時に減らすことが必要になります。

こうした業務の合理化は、人員削減を行なう前から進めている場合もあるかと思います。しかし、人員削減をした場合、いままで以上に徹底して実施する必要があるでしょう。

私の会社の場合、こうした業務の合理化がうまくいったことに加えて、残った従業員が予想以上にがんばってくれたおかげで、なんとか業務を回すことができました。みなが心をひとつにして事にのぞむと、想像以上の結果となることがわかりました。やはり、従業員のやる気や信頼関係を守ることは、会社にとって必要なことだと身にしみました。

特に人員削減をした場合、経営者は、会社の雰囲気が温かくなるように十分気を配ってください。人数が少なくなったのに合わせて、なるべく家庭的な雰囲気をつくるのがよいように思います。例えば、誰かが病気で欠勤した場合、「あいつが休んだので○○業務に支障が生じる」という会話ではなく、まずは、「彼、大丈夫?」という会話が出るように心がけます。このような家庭的な雰囲気が結局、お客様へのサービスにも影響し、顧客満足度アップにつながるのではないかと感じています。

アルバイト活用法

従業員を削減して、業務が回らない場合、アルバイトをうまく活用することも大切です。労働時間をうまく調整すれば、社会保険も不要なので経費削減にはもってこいです。ここでは、わが社がやっているバイト活用法をご紹介しましょう。

●募集

会社の近くに住む、60歳以上の元気な方を紹介してもらいます。近所の方なら交通費がいりません。また、急な場合でもすぐに駆けつけてくれるという利点もあります。

なぜ60歳以上の人かというと、働く場所が限られているため、募集にたくさんの人が集まってくれるという利点があります。また、実際に60歳以上の人に働いていただくとわかりますが、本当に元気で、人によっては40代の人よりもよく働いてくれます。

現在、私の会社では、60歳以上の人が6名働いていて、最高齢は80歳の男性です。みなさん、死ぬ日まで働くつもりだと言ってくれています。

●労働時間

「1日○時間」などの労働時間は決めず、その日にやらなくてはいけない仕事が終わったら帰るというルールにしています。これで人件費が確実に節約できます。

●時給

あまり高い時給を設定しなくても、喜んで働いていただけます。ただ、業績がいい場合には一時金を支給しています。また、年2回、忘年会などのレクリエーションを企画し、参加してもらっています。

60歳以上の人をアルバイトとして採用すると、みなさん真面目なので、会社の雰囲気がよくなります。また、若い従業員には親のように接してくれますので、会社の雰囲気が温かくなります。ぜひ、試してみてください。

残業廃止・休日出勤手当などの諸手当廃止

経費削減を徹底するためには、現在ある諸手当を見直すことも必要です。まず、残業の禁止。残業代を削減するためです。業務を効率化すれば、徐々に残業をなくすことは可能でしょう。同様に、休日出勤手当も廃止します。業務上やむをえず休日出勤をする場合があると思いますが、その場合、振替休日を認めれば足ります。休日に出勤をしたという理由だけで、特別な手当を支給する必要はありません。

また、退職金制度も廃止すべきです。まず、新入社員には退職金制度がないことを伝えた上で雇用契約を結びましょう。問題は、既存従業員の場合です。まず、既存の積立金を一時金として支給します。そして、現行の退職金を廃止し、積立分を毎月の給与に上乗せして払えばよいでしょう。さらに、社宅制度や家賃補助制度も、もはや時代錯誤だと思います。

これらの手当については就業規則や給与規定に記載のある場合には、労働組合や手当を受けている人の承諾が必要となると思いますが、可能なかぎり早く廃止すべきです。

第5章

1カ月実行プログラム

経費削減の心得を確認する【実施以前】

ダイエットと似た経費削減

ここまでで、経費削減の重要性や方法について、頭で理解することはできたのではないかと思います。ただし、経費削減で最も重要なことは実践です。きちんと実践し効果を出さないと、最悪の場合、会社が倒産してしまいます。

では、実践する前に経費削減の心得を確認しておきましょう。経費削減の心得は、ダイエットのポイントと似ています。

●基本的な考え方について、きちんと理解してから始める

無理なダイエットは結局、体を壊すだけです。同様に、間違った経費削減も会社をつぶすことになります。従業員のやる気をなくすだけの経費削減、取引先のモチベーションを下げるだけの経費削減ならやらないほうがましです。

●定期的に効果測定し、記録をきちんとつけることが大切

ダイエット成功のためには、毎日、体重を測定し、記録することが重要です。同様に、経費削減の場合も、現在の経費を正しく認識し、経費削減の過程を記録することが大切です。

●期間を決めて実践する

ダイエットの場合、1週間とか、3カ月とか、期間を決めて行なうとうまくいきます。期間を設定しないと、やる気が起きなかったり、すぐに挫折してしまったりするからです。経費削減も同じです。

私の経験からすると、経費削減は経営者にとって、精神的に大きな負担になります。ですから、1カ月という期限をつけて実施するとよいと思います。そこで、この章では1カ月で実施できる経費削減のプログラムを紹介します。1カ月の営業日、20日間でやれるように構成しています。

●リバウンドに注意

せっかくダイエットに成功しても、リバウンドしてしまったら意味がありません。同様に、経費削減も続けることが大切です。1カ月の実施期間が終了しても、定期的に売上げ－コスト収支表（50ページ参照）をチェックしてリバウンドに注意しましょう。

第❶週目　経費削減準備週間

会社の現状を正しく認識する

第1週目は、経費削減を実施するための準備をします。

経費削減で大切なことは、現状を正しく認識することです。ただし、これは口で言うのは簡単ですが、やってみるのはたいへんです。

では、具体的にやるべきことをあげてみましょう。

まず、このまま経費削減をしないと自分の会社はいったいどうなってしまうのか、もし倒産してしまうならば、具体的にいつごろ倒産するのかを予測してみましょう。これによって、より現実的に経費削減の必要性が認識できるはずです。その過程で、現在のキャッシュを正確に把握することも必要です。現在、いくらの現金があり、毎月、どれくらいのペースで現金が減少しているのかを確認しましょう。

現金が十分にないならば、金融機関を回りましょう。一切のプライドを捨てて、融資してもらえるよう、頼んで回ります。熱意があれば、なんとかなるはずです。

そして、経費削減をやると決めたら、全従業員・取引先にその決意表明をしましょう。ここでもヘンなプライドは禁物です。真摯な気持ち、態度が成功の秘訣です。

決意表明をしたら、「先ず隗より始めよ」です。社長自らの経費削減のすみやかな実行によって、本気度を伝えましょう。

さらに、今後の経費削減の指針となる売上げ－コスト収支表を作成しておくことも重要です。1週目に何がなんでも完成させておきましょう。

第1日目　意思決定、倒産シミュレーション、各部への指示

経費削減の緊急度は、過去1年間のキャッシュフローの変遷を調べるとよくわかります。図表5－1のように、過去1年間の月末の現金を記載しましょう。そして、毎月、いくら減少しているかを計算してください。そして、毎月の現金減少金額の平均Aを出します。そして、直近の現金の額をこのAで割ってみてください。その数字が、会社の余命月数です。図表5－1の場合、あと6カ月半で倒産することが予想できます。実際にはあま

り知りたくない数字ですが、これが現実です。これで、経費削減をしないと数カ月後に倒産するということが、正確に理解できたと思います。

経費削減の必要性が認識できたら、さっそく各部署へ経費削減に必要な指示を出しましょう。その指示内容をまとめたものが図表5-2です。

「従業員別経費一覧」は個々の従業員についての経費を考えるためのツールです（図表5-3）。年収だけでなく、使用した交際費、通勤費、その他の経費をすべてまとめるところがポイントです。これによって、一人ひとりについて経費が正確に把握できます。そして、人件費を削減しなくてはならないときには、非常に参考になる資料です。

「広告別効果測定表」は、個々の広告の効果を正確に把握するためのツールです（図表5-4）。広告を、テレビCM、新聞広告（折込広告含む）、雑誌広告、ネット広告、DM、その他などに分類し、それぞれの獲得売上げを記録します。もし広告が重複している場合には、その寄与分に応じて分配し、算定しましょう。例えば、テレビCM（年間経費100万円）を見て、さらに新聞広告（年間経費50万円）を見て購入する商品の獲得売上げが1000万円の場合、テレビCM・新聞広告の売上げに対する寄与分が5対5とすると、次のように割り振ります。

図表5-1 キャッシュフロー把握表

（単位：万円）

		月末時点での現金	月間減少金額
2008年	7月	10,000	
	8月	9,000	▲1,000
	9月	7,500	▲1,500
	10月	7,600	100
	11月	7,500	▲100
	12月	7,000	▲500
2009年	1月	6,000	▲1,000
	2月	5,000	▲1,000
	3月	4,000	▲1,000
	4月	3,900	▲100
	5月	3,700	▲200
	6月	B 3,500	▲200
減少金額の平均			A ▲541.7

※【会社の余命（単位：月）】B÷A
3500÷541.7=約6.5カ月

図表5-2 経費削減を実現するための各部署への指示一覧

部　署	指　示　内　容	必要期間	本書該当ページ
経理担当	売上－コスト収支表の作成	3日間	50ページ
経理担当	取引先別に領収書・請求書をファイル化	2日間	45ページ
経理担当	従業員別に経費一覧をまとめる	3日間	146ページ
広告担当	広告別効果測定表をまとめる	7日間	146ページ
仕入担当	取引業者一覧をまとめる	7日間	148ページ

図表5-3 従業員別経費一覧（年間。勤続年数1年未満の方も1年で算定）

（単位：万円）

所属	担当	氏名	年齢	勤続年数	税込年収	使用交際費	通勤費	その他の使用経費	全年間経費	備考
東京本社	総務	木村由香	25	2	375	0	12	0	387	
東京本社	経理	鈴木美香	24	2	360	0	18	0	378	
東京本社	営業	山田浩次	46	23	800	240	36	50	1,126	獲得売上げ1億9000万円
東京本社	営業	高木修平	37	15	650	100	24	35	809	獲得売上げ1億1000万円
東京本社	営業	佐藤和夫	30	8	400	0	24	0	424	獲得売上げ7000万円
名古屋支店	営業事務	井上和歌	23	1	300	0	12	0	312	
名古屋支店	営業	馬場俊之	28	5	380	0	24	0	404	獲得売上げ7000万円

※営業社員は、年間獲得売上高を備考欄に記載すること。　（上記人名はすべて仮名です）

●テレビCMの獲得売上げ
　500万円
●新聞広告の獲得売上げ
　500万円

「年間経費÷獲得売上げ」の値が小さければ小さいほど効果的な広告ですから、この場合、新聞広告のほうが効果的だといえます。反対に、販促費の限度以上の場合、赤字広告となります。

「取引業者一覧」は、内容が重複している業者を調べるためのツールです（図表5-5）。それぞれの取引内容を見て、同じ取引内容の取引先が複数あり、そこに合理的理由がない場合、1社に絞り

図表5-4 広告別効果測定表

（単位：万円）

広告の種類	業者名	担当者名	取引開始	年間経費Ⓐ	獲得売上げⒷ	Ⓐ／Ⓑ	備　考
テレビCM	○○堂	加藤　正	2008年1月	1,000	10,000	10.0%	
新聞広告	□□堂	小田信長	2007年11月	800	4,000	20.0%	
雑誌広告	△△堂	豊臣秀隆	2006年8月	700	2,000	35.0%	
アフィリエイト	＃＃堂	武田信之	2007年4月	2,000	8,000	25.0%	
バナー広告	＊＊堂	徳川家唯	2006年10月	500	1,000	50.0%	

（上記人名はすべて仮名です）

図表5-5 取引業者一覧

担当支店	担当部署	担当者	業者名	担当者	取引開始	取引内容	支払条件	備　考
東京本社	経理部	鈴木美香	A商事	高木真二	2009年1月	文房具	現金・翌月末	
東京本社	営業部	志村　健	B社	山川鬼太郎	2004年4月	ホームページ製作	現金・翌月末	
東京本社	営業部	山田浩次	C社	松本　新	2003年3月	ログ解析	現金・翌月末	
東京本社	営業部	高木修平	D社	村瀬五郎	2006年10月	LPOツール	現金・翌月末	
名古屋支店	印刷部	松本有里	E印刷	木村大介	2005年12月	印刷	現金・翌月末	
名古屋支店	印刷部	川口幸子	F紙業	山田太郎	2004年8月	紙	現金・翌月末	

（上記人名はすべて仮名です）

ましょう。その際、取引価格の値下げ交渉も忘れずにしましょう。

第2日目　資金を確保する

資金的な余裕がないと、精神的にたいへんな思いをします。少しでも資金的余裕をもつために、できるかぎり融資を受けられるようにしましょう。もちろん、1日で融資が決定するわけではないので、経費削減の活動をしながら、金融機関に通いつめる必要があります。

まず、現在の取引金融機関にあたってみましょう。これまでの信頼関係があれば、力になってくれるはずです。

次に、政府系金融機関にあたってみて、最後には、助成金などについても調べてみてください。

大切なことは、プライドを捨てて一生懸命、継続的にお願いすることと、あきらめないことです。

図表5-6　経費削減の決意表明書のサンプル

平成21年6月1日

取引先及び社員
各位

株式会社○○○○○
代表取締役　△△△△

経費削減について

取引先様におかれましては、平素より格別のご配慮をいただき、誠にありがとうございます。
また、社員・スタッフのみな様におかれましても、勤勉に業務遂行いただき、誠にありがとうございます。

すでに肌で感じている方も多いと思いますが、最近の不況の影響により、みな様の多大なる努力にもかかわらず、弊社売上げは減少の一途を辿っています。
これまで、いろいろな方面におきまして、経費削減を実施してまいりましたが、さらにこれを徹底したいと思います。

具体的な措置につきましては、今後、明らかにしたいと思いますが、経費削減のために、この1カ月間は業務の精査・調査など、通常の業務のほか、さまざまなお願いをすることになると思いますが、よろしくお願いいたします。

以上

第3日目　決意表明

経費削減を実施する場合、従業員にヒアリングをしたり、通常業務以外の業務をお願いしたりする必要があります。このような業務を突然実施すると、従業員は疑心暗鬼になり、経営者への信頼をなくしてしまいます。

まず、経費削減を本格的に実施する前に「経費削減に関する決意表明」（図表5−6）を配布したり、朝礼で説明したりして、従業員全員に理解してもらいましょう。

第4日目　上層部の経費削減の実施

経費削減の決意表明をした以上、従業員は必然的に不安になります。また、モチベーションが下がることはあっても、上がることはありません。このような状況で、まず実施し、公表すべきは、会社上層部の経費削減です（図表5−7）。

今日、絶対にやっていただきたいのが、社長の給与削減など、社長自らの経費削減と公表です。

そして、次に、役員・顧問・相談役の整理を行ないましょう（74ページ参照）。説得には相当の困難が伴うと思いますが、経費削減に聖域はありません。がんばりましょう。

第5日目 売上げ－コスト収支表を完成させる

この日は経理担当に頼んでいたデータをもとに、売上げ－コスト収支表を完成させます。各項目の支出や経費全体に対する各支出の構成比率の算出までは、経理担当者に頼めばいいわけですが、支出項目の目標構成比率は社長自らが設定しましょう（38ページ参照）。

売上げ－コスト収支表が完成すると、経費削減をしなければならない支出項目はどれか、それをどれくらい削減しなければならないかがわかります。

私もはじめてこれを作成したとき、削減しなければならない額の大きさに驚き、経費削減に対するモチベーションが大きくダウンしたのを覚えています。

しかし、その削減しなければならない金額の大きさゆえに、自分の会社が現在の状態では危ないのだということがよくわかりました。ここで躊躇していてはいけません。前進あるのみです。

図表5-7 会社上層部の経費の現状と削減実績のサンプル

（単位：万円）

所　属	氏　名　等	現在の年収	削減の方法	年間削減金額	実施日
社長室	社　長	2,400	給与減額	2,040	7月分より
社長室	運転手	500	退　社	500	7月分より
社長室	社用車		売　却	240	7月分より
社長室	交際費		廃　止	360	7月分より
社長室	社長室		廃　止	180	7月分より
秘書室	Aさん	400	退　社	400	7月分より
秘書室	Bさん	400	退　社	400	7月分より
副社長		1,800	退　社	1,800	7月分より
専務取締役		1,500	退　社	1,500	7月分より
常務取締役		1,300	退　社	1,300	7月分より
取締役		1,200	退　社	1,200	7月分より
顧　問		400	退　社	400	7月分より
相談役		400	退　社	400	7月分より
合　計				10,720	

※上記の削減実績はできるかぎり公表すること。

具体的に削減を進めるにあたって、領収書・請求書のファイルや取引業者一覧などの書式を常に机の上に置いておき、それらとにらめっこしましょう。見ているうちに、何をどうすれば経費が削減できるのか、アイデアがわいてくるようになります。

第❷週目　従業員調査週間

業務の流れや従業員の資質を把握する

第2週目は、従業員一人ひとりと面接し、業務の流れと個々人の資質について把握するようにします。148ページの従業員別経費一覧をもとに、1週間で従業員全員と面接して業務フロー（59ページ参照）を完成させます。作成過程で次のことがわかります。

●現在ある拠点はすべて必要か、拠点を減らした場合になんらかの不都合が発生すると考えられるのであれば、他の拠点で支えることはできないか

●従業員のやっている業務について、本当に従業員でなければならないか、アルバイトでやることはできないか

●従業員について、会社にとって不可欠な人間か、階級だけ昇格し、仕事をしていない従業員はいないか

なお、これらを考える過程で絶対にやってはいけないのが、過去の業績を考慮することです。会社の中には、過去の業績だけでふんぞり返っている人がたくさんいます。このような人は、今後の会社の発展にはなんら役に立ちません。大切なのは、「現在」会社の役に立っているか否かです。

第6日目 業務フロー作成に着手。会議を減らし制服を廃止する

今日から、個々の従業員と面接し、業務フローを作成すると共に、ムダな仕事を減らすための業務改善に着手します。さらに、支出項目について、1日1項目ずつ、経費削減を実施していきます。

まず、業務改善として、現在行なわれている会議を見直し、なるべく減らすように指示しましょう。意識しないと会議の回数はどんどん増え、かつ、時間も長くなります。これからは回数を減らし、実施するとしても時間を短縮しましょう。

会議が必要か否かについては議論がありますので、私の考えを述べたいと思います。私はコンサルタントを長年やってきた関係で、自分の会社以外の会社の会議にもたくさん出席しています。それゆえ、長年、「どのように会議をすべきか」について悩んできました。

会議をする目的には、①情報の共有、②案件の決議、③会議の過程での議論による参加者の論理的思考能力の向上、の3つがあると思います。

ただ、①情報の共有については、いまやメールで十分だと思います。現在の業務の内容は複雑・多岐にわたりますので、文章の形で伝達したほうが正確に伝わります。

また、②案件の決議については、通常の場合、会議の前の根回しで決まってしまいますので、会議で決議する必要性はありません。

③会議の過程での議論による参加者の論理的思考能力の向上というメリットはかなり大きいものがあります。成長している会社は、従業員が徹底的に、かつ、長時間にわたり議論しています。

ただ、このメリットが生じる前提として、論理的思考能力に長けた人が会議の議長、進行役を務める必要があります。つまり、そのような人材がいない会社の場合、会議をしても参加者の論理的思考能力の向上は望めません。そのような会議であれば、中止したほうがよいと思います。

以上を考えると、経費削減が要求される経営的局面では、まず会議自体をなくす、減らす、時間を短縮することが必要だと思います。実際、会議を開くだけで、たくさんの費用が必要になります（図表5-8）。この会議費のムダを認識しましょう。会議がなくなれ

図表5-8 会議費の現状認識

実施日	所要時間	主催部署	主催者	そのうちの発表者数	参加人数	発表者が準備するために発生する人件費	参加者人件費	会議室賃料	会議経費合計額
6月9日	120分	営業部	営業部長	2人	10人	11,200円	58,400円（管理職１名＋一般社員９名）	10,000円	79,600円
6月11日	60分	企画部	企画部長	3人	10人	16,800円	30,400円（管理職2名＋一般社員8名）	5,000円	52,200円
6月15日	120分	社長室	社長	3人	30人	16,800円	177,600円（管理職4名＋一般社員26名）	10,000円	204,400円
6月20日	90分	総務部	総務部長	2人	5人	11,200円	22,800円（管理職１名＋一般社員4名）	7,500円	41,500円
6月25日	60分	営業部	営業部長	4人	10人	22,400円	29,200円（管理職１名＋一般社員９名）	5,000円	56,600円
6月30日	180分	社長室	社長	5人	5人	40,000円	60,000円（管理職5名）	15,000円	115,000円
合　計				19人	70人	118,400円	378,400円	52,500円	549,300円

※会議経費の計算方法は111ページを参照。

図表5-9 制服関連費用の現状認識

制服について調査してみましょう。
あなたの会社の制服経費を実際に計算してみましょう。

①制服費用

（１着の制服購入額）÷（制服平均耐用年数）×（ひとり当たりの制服配布数）×（制服着用人数）
＝ 20,000 円 ÷ 2 年 × 4 着 × 20 人
＝ 800,000 円

※制服が数種類ある場合は、種類ごとに算出する。

②制服を管理する場所・人件費

（月間の制服管理業務にかかる日数）×（担当社員１日当たりの人件費）×12カ月
＝ 1 日 × 22,400 円 ×12カ月
＝ 268,800 円

ば、その経費が減るだけでなく、やるべき業務や作業に集中できるようになり、残業・残業代も減ります。

また、会議と同様、制服にもたくさんの経費がかかります（図表5-9）。制服の廃止を検討しましょう。

第7日目 報告書と交際費の削減

この日も個々の従業員と面接し、業務フローを作成すると共に、業務改善として報告書の削減に着手します。さらに、接待交際費について経費削減を実施していきます。

まず、報告書についてきちんと認識しましょう。

本来、報告書は、従業員が業務を見つめ直し、反省するために書くものです。また、上司が従業員へアドバイスをし、その人のレベルアップを助けるための資料となるものでもあります。

しかし、現実には、同じようなルーチンワークが続くことも多く、毎日業務を見直す必要性は低いと思います。このような現状にもかかわらず、日報を強要している会社もたくさんありますが、それでは、意味のない報告書を量産することになります。

図表5-10　接待交際費の現状認識

項　　目	金　　額
お中元	105,000円
お歳暮	105,000円
慶弔金	120,000円
暑中見舞	58,000円
年賀状	90,000円
飲食代	2,500,000円
旅行代	800,000円
その他	1,240,000円
合　　計	5,018,000円

また、上司もまともに日報を読んで、アドバイスをしているとかなりたいへんです。そこで、ただ日報を受け取るだけになってしまい、最悪の場合、読みもしないということもあります。

このように意味のない報告書はすぐに廃止しましょう。全部廃止することができないのなら、日報を週報に、2枚を1枚にしましょう。私の会社も以前は日報を強制していましたが、ムダが多いという理由から廃止しました。ただ、いつ、だれが、何をやっていたかという記録が残らないと、翌年の業務に支障が生じますので、この点だけは記録するようにしています。なお、報告書を作成することによって浪費される時間とお金については、134ページを参照してください。

飲食を伴う接待交際費についても、現状を見直してみましょう（図表5−10）。

本来、販売を促進させるための費用ですが、実態は、「接待」を名目に会社のお金で私的に遊ぶ場合が大多数です。ムダ以外の何ものでもありません。即刻、全廃すべきです。

第8日目　外出の見直しと旅費交通費の削減

続けて個々の従業員と面接し、業務フローを作成すると共に、すべての業務を社内で完結できるように業務改善を行ないます。さらに、旅費交通費について経費削減を実施していきます。

まず、なるべく多くの業務が社内で完結できるようになれば、業務は効率化します。外出・移動に要する時間が、業務に回せるからです。まず、営業以外の部署の人が外出する場合には、メールでその用件を届け出てから外出するように指示します。これによって、なんのために外出しているかがわかり、理由のない外出を防ぐことができます。また、外出理由がわかれば、これを外出せずに処理する方法を考え出すこともできます。このようにして従業員の外出を減らし、業務改善を進めます。

次に、旅費交通費の削減を進めます。

●タクシー

タクシー使用禁止の告知を行ないます。対象は、社長を含む全員です。特別に必要な場合には、上層部からの事前許可を必要とします。

●社用車

社用車は、原則として廃止します。これによって、車両維持費だけでなく、駐車場代、ガソリン代、高速料金が削減できます。ただし、営業用車などどうしても必要な場合については、ガソリン代、高速料金の節約が問題となります。

まず、ガソリン代については、年会費無料のガソリンカードの会員になり、給油の際、割引してもらいます。どのカードが一番得なのかは状況によって変わりますので、ネットで検索して調べてください。加えて、セルフのスタンドを利用しましょう。この2つの組み合わせにより節約できます。

高速道路をよく利用するにもかかわらず、ＥＴＣをつけていない場合、まずＥＴＣを搭載してください。これがないと高速料金の節約はできません。

ＥＴＣカードは、高速料金のキャッシュバックが最も大きいカードをつくりましょう。さらに、高速料金利用金額の一定の割合でポイントが貯まるマイレージサービスにも加入します。その上で、高速道路はＥＴＣ割引が適用される時間を狙って利用しましょう。深夜・早朝・夜間割引、通勤割引などがあります。これらを利用すれば、高速料金は通常の半額程度に節約できます。

●出張

出張は、原則禁止の通知を出します。ただ、どうしても必要な場合、航空券・新幹線は「格安チケットサイト」で購入し、本人に渡しましょう。これで交通費を節約できます。宿泊費については、「宿泊予約サービスサイト」で一番安いホテルを予約し、実費のみを支払うことにします。出張期間が長い場合、ウィークリーマンションのほうがホテルよりも安くなる場合がありますので、この点も比較しましょう。

●定期券

通勤の定期券ですが、6カ月定期券が断然お得ですので、その分の金額を支給しましょう。

第9日目　通信費の削減

個々の従業員の面接、業務フローの作成を続けます。加えて業務改善として、電話する回数を減らすようにします。さらに、通信費について経費削減を実施していきます。

まず、なぜ電話を減らす必要があるのかについて説明しましょう。

現在の業務は内容が複雑多岐にわたり、また技術革新により、その業務内容も頻繁に変わります。そのため、業務を行なう上では、日々の業務の質的向上が非常に重要です。そして、この質的向上のためには、常に一人ひとりが業務について「考えながら集中すること」が大切です。しかし、電話がかかってくると、この集中が中絶されます。このデメリットが、まず問題です。

また、電話をかけている時間は、意外に長いものです。これを人件費に換算すると、かなりの額となります（109ページ参照）。以上が電話を削減すべき理由です。

では、どのように電話を減らしていけばよいのでしょうか。まず、社内の内線電話を減らすことが必要です。これについては、簡単なことはメールで伝える、内線電話をかける時間を一定の時間内にするという工夫ができます。例えば、朝は一般的に忙しいことが多く、誰でも仕事を中断されたくありませんので、午前中は内線電話を禁止します。昼食後は、電話が眠気防止にもなるので、13時～16時までは内線電話をＯＫとし、夕方以降は仕事に集中できるので禁止する、といった方法も一案です。

なお、社外への電話は特段、自社の業務を妨害するわけではありませんので、禁止する必要はありません。ただ、経費削減の観点から見れば、簡単な内容は電話でなく、メールにすべきです。

一方、受ける電話を減らすには、かけてくる相手によって次のような対応が可能です。

●お客様からの電話

・お問い合わせの多い点については、ホームページなどに記載して、疑問を減らす

・電話回線数を減らす

・フリーダイヤルをやめて、一般有料電話のみの受付とする

・電話による問い合わせを廃止し、メールでの問い合わせに1本化する

●取引業者からの電話

・簡単な内容なら電話ではなく、メールで連絡をもらえるように依頼する

●営業の電話

・「新規のご案内はすべてお断り」の姿勢を徹底し、時間を節約する

・対応者を1名選任し、他の者の業務効率化を図る

さらに、長電話などの私的電話は電話料金が会社負担であることに原因があります。ですから、私的電話がしやすい会社の携帯電話はすべて廃止する、会社の固定電話についてはすべて録音し、それを全従業員に告知するということで解消できます。

このような対応によって、徐々に電話をかける、受ける回数を削減し、静かな労働環境をつくりましょう。

通信費のうち、電話に関する費用については述べましたので、残るは、ハガキ代・切手代です。

ハガキ代・切手代を、どのような場合に使用しているか考えてみましょう。

まず、思い浮かぶのが、暑中見舞いや年賀状です。こういった虚礼を廃止すると、同時に切手代・ハガキ代も浮きます。これらについてはすでに、接待交際費のところで金額を書き出しています（160ページ参照）。

次に思い浮かぶのが、お客様からの資料請求です。これについては、資料をPDFなどのデータに変換して、メールで送付できないかを検討するのも一案です。これが可能なら、資料の印刷代・出力代・封筒代の節約が同時にできます。メールで送付できない場合は、郵送とメール便でどちらが安いのかを検討しましょう。一般的には、ヤマト運輸のメール便が最も安いと思います。これで切手代が節約できます。

第10日目　業務フローを完成させる

個々の従業員と面接し、業務フローを完成させましょう。その上で、何をどのように考えるかが重要です。

まず、業務フローを見て、業務の流れが最適な状態にあるかをよく考えてみてください。通常、業務フローは過去のある時点で、入念に検討されてつくられたものですが、これが人事異動や時間の流れの中で、だんだん変容していきます。その結果、非効率・官僚的になっていることも多いのです。

あらためて、業務フローと会社の組織表を見比べると、お客様へのサービスとは無関係な部署や業務がたくさんあることに気づくはずです。これらについては廃止を検討すべきでしょう。途中、さまざまな抵抗にあうかもしれませんが、自分の判断を信じて行動してください。

ムダだと気づいた支店や部署、業務は廃止し、その中でどうしても残さなければならないものを他の部署に移動します。廃止するか残すかを迷った場合には廃止し、必要性があるとわかったら、再度復活させればよいと割り切りましょう。現在の支店・部署・業務には、探せばなんらかの存在理由があります。その一つひとつを聞いていたら、何もできません。いま大切なことは経費削減なのです。

また、名目だけで働きの見えない責任者については、降格を検討しましょう。

さらに、ルーチンワークばかりしている従業員がいたら、そのルーチンワークはアルバイトに回し、その従業員の資質確認も必要でしょう。本来、従業員の仕事はルーチンワークではなく、高度な判断が要求される仕事のはずです。そういった仕事ができる有能な従業員であれば、より能力を活かせる仕事に取り組んでもらいましょう。

また、これだけインターネットが普及しているにもかかわらず、メールすらできない従業員も稀にいます。パソコンスクールなどに行けば、そのようなスキルは誰でも短時間で習得できるはずです。にもかかわらず、努力をしない従業員は、今後も、成長は期待できません。人員削減をする必要があれば退職勧奨のリストに入れましょう。

最後に、必要な従業員のうち、業務と報酬との対価性を検討しましょう。行なっている業務に対して、適切な報酬を支払っているかです。

酷な言い方かもしれませんが、このような観点から支店や部署、業務を見直すと、本当に必要な従業員は現在の2割ぐらい、ということもよくあります。たしかに、8割の人を採用したのは会社かもしれません。ただ、だからといって、8割の人をそのままにしておくのは、一生懸命やっている2割の人に対しても失礼になります。ですから、8割の人の処遇を考える必要があるのです。配置転換する、あるいは、大幅な人員削減が必要ならば退職勧奨をすることも検討しましょう。

第❸週目　取引先調査週間

広告業者、仕入業者について検討・見直しをする

第3週目は、取引先の調査をします。取引先は大きく分けて、広告業者と自社商品に関する仕入業者に分かれます。

まず、広告業者についてては、広告別効果測定表（149ページ参照）をもとに検討します。現在、広告の効果は急速に変化しています。従来、効果のあったものの効果がみるみる衰え、新しい広告が台頭しています。つまり、出す広告の種類を替える必要があるということです。効果がなくなったものは取りやめ、効果が期待できそうなものを取り入れるようにしましょう。

なお、新しく台頭している広告はネット広告が中心です。この分野は、新しい技術についてかなり勉強する必要がありますので、ネットに強く、対応能力にすぐれた人を担当に

すると成功確率を高めることができるでしょう。戦力となる担当者をすえた上で、ホームページの作成・更新、アフィリエイト、PPC広告、SEO対策を自社で実施できるようにしましょう。うまくいけば、半年後にはある程度の成果が出せると思います。

広告について、今週1週間でやるべきことは、以下の3つとなります。

①広告の効果測定（第1日目で作成を指示した広告別効果測定表の分析）
②ムダな広告をすべてやめる
③ネット広告が出せるように、担当者・部署を調整し、いつまでに、何を、どの程度の目標で進めるかを決める

次に、仕入業者については、どこから仕入れても品質の変わらないものについては、相見積もりをとってみましょう。そして、1円でも安い業者があれば、業者を変えましょう。

発注先によって大きく品質が変わるものについては、一度、仕入業者の担当者と会って、単価を下げる方法がないか、かけ合ってみましょう。業者側からしても、取引先の倒産は売上げの減少を意味します。ですから、会社の状況を正確に伝え、誠意をもって話をする必要があります。協力して、必ず単価を下げる方法を見つけるつもりで、取り組んでいきましょう。

さらに、誰が、いつ、いつまでの分を、どのように発注するかもロスを減らす上で重要ですから、これらの見直しもしましょう。

第11日目　広告宣伝費の削減と事務用品費・消耗品費の見直し

第1日目で作成した広告別効果測定表を分析し、「年間経費÷年間獲得売上げ」が広告宣伝費の目標構成比率を超える広告を取りやめましょう。

また、事務用品費・消耗品費について経費削減を実施します。

まず、文房具については、アスクルやカウネットなどのネット通販で購入するようにしましょう。ネット通販の場合も、通販会社によって個々の文房具の価格が異なりますので、購入の際は、カタログを見て比較しましょう。また、買う前に「本当に必要か」をもう一度、検討することも大切です。

第12日目　新聞図書費の削減

この日はまず、ネット広告が出せるように、担当者・部署を調整し、いつまでに、何

図表5-11 新聞図書費の現状認識

種　類	名　　称	拠点数／冊数	年間購読料・購入金額
新聞	A新聞	3カ所	157,788円 （月間購読料4,383円×12カ月×3カ所）
新聞	B新聞	3カ所	128,448円 （月間購読料3,568円×12カ月×3カ所）
新聞	官報	1カ所	43,152円 （月間購読料3,596円×12カ月）
雑誌	Cビジネス	3カ所	69,000円 （年間購読料23,000円×3カ所）
雑誌	Dパソコン	3カ所	41,400円 （年間購読料13,800円×3カ所）
雑誌	Eトップ&リーダー	3カ所	38,520円 （年間購読料12,840円×3カ所）
業界紙	F業界新聞	3カ所	46,200円 （年間購読料15,400円×3カ所）
業界誌	月刊業界G	1カ所	150,000円
図書	販促用図書	2カ所	230,000円
図書	税務用図書	1カ所	12,000円
図書	デザイン用図書	1カ所	58,000円
その他	研修用資料	1カ所	80,000円
合　　計			1,054,508円

を、どの程度の目標で進めるかを決めましょう。

また、新聞図書費（図表5－11）について経費削減を実施します。

まず、新聞雑誌については基本的に廃止しましょう。これでゴミを減らすこともできます。

書籍については、十分に検討してから購入するようにしましょう。

第13日目　仕入業者の検討と諸会費の削減

仕入業者について検討します。まず、どこから仕入れても品質の変わらないものを洗い出し、すべて、複数の業者から見積もりをとってみましょう。そして、1円でも安い業者があれば、業者を変えましょう（図表5－12）。

次に、諸会費（図表5－13）について経費削減を行ないます。原則として利益に直結しない団体は、すべて脱退してください。不都合があれば再入会すればよい、と考えましょう。

図表5-12 どこから仕入れても品質の変わらないものを再検討するための書式

商品名	現在の仕入業者名	単価	年間購入総数	新しい仕入業者名	単価	削減単価	年間削減金額
シャープペンシル	A商事	120円	10,000個	B商事	110円	10円	100,000円
バインダー	A商事	250円	20,000個	C商事	200円	50円	1,000,000円
消しゴム	A商事	50円	10,000個	D商事	45円	5円	50,000円
ブックカバー	A物産	180円	10,000個	B物産	150円	30円	300,000円
しおり	A物産	130円	50,000個	C物産	120円	10円	500,000円
定規	A物産	230円	20,000個	D物産	200円	30円	600,000円

図表5-13 諸会費の現状認識

団体の名称	団体に入っている目的	年会費
A勉強会	経営情報の収集	75,000円
B学会	専門情報の収集	30,000円
C組合	町の振興	20,000円
合　計		125,000円

第14日目　仕入単価の交渉と支払手数料の削減

発注先によって大きく品質が変わるものについては、一度、その仕入業者の担当者に、単価を下げる方法がないか、かけ合ってみましょう。

また、支払手数料について経費削減を実施します。まず、振込手数料を削減するために、ネットバンクでの振込みに変えましょう。また、清掃についてはなるべく自分たちでやり、できない部分だけ清掃業者に発注して、手数料を削減しましょう。

第15日目　発注・保険料の見直し

発注については、誰が、いつ、いつまでの分を、どのように発注するかもロスを減らす上で重要ですから、今日はこれらの見直しをしましょう（図表5-14）。

また、保険料の削減も実施します。

まず、自動者保険については、社用車を廃止した場合、保険自体も解約できます。社用車にかけている保険は、社用車廃止の際に解約しましょう。

図表5-14 誰が、いつ、いつまでの分を、どのように発注するかを検討するための書式

時期	ロスになった商品	原　因	担当者	被害金額	対　　策
6月	テキスト	足りなくなり、追加印刷したため	桑山	10,000,000円	印刷の段階で、部数予測を正確に行なう
7月	問題集	大幅に余り、破棄したため破棄費用が発生した	丹木	500,000円	印刷の段階で、部数予測を正確に行なう
8月	公式テキスト	改訂されたため、返品送料が発生した	佐藤	20,000円	公式テキストの改訂情報をまめにチェックする
9月	DVD	プレス異常のため返品処理が必要になった	椋	1,500,000円	プレス業者を変更した
10月	CD	大量に発注してあったが、円高により値下がりした	政木	500,000円	輸入品に関しては、円相場を勘案して仕入れをする

（上記人名はすべて仮名です）

また、経営者生命保険についても解約しましょう。調べてみるとわかりますが、毎月かなりの金額だと思います。万一の場合が心配なら、業績回復後、再度加入すればよいでしょう。私としては、保険に入るお金をスポーツクラブの会員費に回して、健康づくりをしたほうが効率的だと思います。突然の交通事故や急死などのトラブルはあり得ない話ではありませんが、可能性としてはゼロに近いと考えてよいでしょう。

第4週目　経費削減総まとめ週間

契約業者との取引停止や人件費削減など、経費削減の最終段階

今週が経費削減の山場となります。

イヤなことは今週1週間にまとまっています。精神的にはつらいと思いますが、がんばってください。

広告業者の変更・取引停止に始まり、仕入業者の変更・取引停止、そして、最後には、支店廃止・人件費削減で総仕上げとなります。考えるだけで落ちこんできますが、やらなければ会社が危機に瀕します。やり遂げられるのはあなただけです。

もちろんやり遂げた後にも、その他の試練があるでしょうが、遠くない未来には明るい展望が待っています。がんばりましょう。

第16日目　車両費の削減

車両費の経費削減を実施します。まず、社用車はすべて処分を検討しましょう。どうしても営業車が必要な場合は、営業担当の従業員が個人で所有している車を月額3万円程度で借りることも検討しましょう。この金額なら会社でレンタカーを借りるよりかなり安く、かつ、車を貸す従業員にとってはよい収入になります。

ただし、会社と所有者の間で、使用方法や、事故を起こしたり、車両を故障させたり、傷つけたりした場合の処理方法についての取り決め、加入している任意保険の内容確認をしましょう。他人に貸して、事故を起こしたり、車両を故障させたり、傷つけたりした場合、所有者と他人の間の精算処理は複雑なものになります。また、所有者も運行供用者責任が問われます。それゆえ、他人には絶対貸さないというのもひとつの方法です。

第17日目　水道光熱費の削減

水道光熱費について経費削減を実施します。まず、トイレの流水擬音装置や蛇口用節水機器を取りつけ、水道代を節約しましょう。

また、電気代節約のための各種張り紙を貼り、全従業員に電気代の節約を呼びかけましょう。

第18日目 広告業者の変更・取引停止

広告業者の変更・取引停止について、業者に伝えましょう。この場合、あくまでも自分の会社の経営悪化により行なうのですから、相手方に非礼のないようにしましょう。また、各種支払い、預金について経費削減を実施します。

支払いは、可能なかぎり会社の法人用カードで行ない、ポイントを貯めましょう。そして、ポイントが貯まったら、社内のゲーム大会の景品や社員旅行の宿泊券などの福利厚生に役立てるとよいでしょう。

また、預金はネットバンクに預けましょう。金利が1%を超えるものがあり、お得です。ただし、法人契約はダメなので、社長個人名義で預ける必要があります。

第19日目 仕入・外注業者の変更・取引停止

仕入業者の変更・取引停止について、業者に伝えましょう。この場合も、前日に広告会社に通知したのと同様、あくまでも自分の会社の経営悪化が原因ですから、相手方に非礼のないようにしましょう。

また、人件費削減・支店廃止について最終的な結論を下します。

まず、支店廃止については、できるだけ多くの支店を対象にしましょう。これは一度に整理すべきです。

従業員削減についても、あくまで会社の利益を基準に行ないましょう。これまでの功績などを考えると、結局、何もできなくなってしまいます。

第20日目 従業員削減・支店廃止を決定、実施

いよいよ、経費削減の大詰めです。支店廃止と従業員削減についての結論を従業員に知らせるときです。

これらについては、ただ紙に書いて告知するという非情なやり方ではなく、一人ひとりにていねいに話すようにしてください。これが、経営者として最低限の義務だと思います。一番悪いのは、このような結果を招いた経営者なのですから、できるだけ誠意をもって接してください。

非常に心苦しいと思いますが、この経験があなたをひと回り成長させ、新たな出発点となるはずです。

おわりに

実は、この本の執筆の依頼を受けた際、受けるべきかどうか、相当悩みました。

経費削減についての経験はあったので、執筆することは可能です。ただ、このような体験をあえて本にして公表することがよいことなのか……。正直、思い出したくない経験であり、あまり公表したくないことだからです。

著者名を非公表にして書くことも考えましたが、それでは無責任だと考え、あえて実名を公表して書くことに決めました。

書くにあたっては、体験を忠実に、自分の苦悩も隠さずに書くことにしました。新聞には毎日のように、リストラに関する記事が載っていますが、それを実施する際には、経営者側にも相当な苦悩があることを知ってもらいたいと考えたからです。また、従業員・取引先になんの配慮もなく実施されるリストラに対しては、あえて苦言を呈したいとも考えました（ただし、この点、苦言を呈する資格が自分にないことは十分承知しています）。

いま、日本経済は最悪期にあたります。経費削減が必要とされる時期です。ただ、安易に経費削減を行なうのではなく、十分に考え抜いて、実施していただければ幸いです。そして、本書の活用によって、1社でも倒産せずに復活していただければ、うれしく思います。この本の1カ所でも、みな様方の会社のお役にたてば、あえて恥を忍んで本書を執筆した甲斐があったと思います。

私は、4年前の自分の会社の経費削減以降、必死に働き、自分の経営能力を磨くよう努力しています。その理由は、もう二度と従業員削減・支店廃止などのリストラはやりたくないからです。本書を読んで、多くの箇所で、「こんなこと、許せない、理解できない、もっとこうしたらよかったのに」と怒りを覚える方もいらっしゃると思います。それらはひとえに、当時の私の経営力の低さ・思慮の足りなさに起因するものです。ここに、深くお詫び申し上げます。今後は、さらに自分の経営力を磨き、できれば、永遠に業績を向上し、二度とリストラをしなくてもいいようにしたいと思っています。

本書から発生する印税は、すべて慈善団体に寄付させていただきます。これが、自分の至らなさゆえにリストラをし、いろいろな方に不利益を与えた償いです。

最後に、弊社のリストラによって多大なる迷惑をおかけした方々に深くお詫び申し上げます。

また、本書を読んでいただき、本当にありがとうございました。

著者紹介

1962年6月18日，名古屋生まれ．名古屋大学法学部法律学科卒．大学卒業後，大手企業研修の会社の支店長として，積水ハウス，大和ハウス，第一勧業銀行（現，みずほ銀行）などの研修を務める．その後，DPEショップ・飲食店の経営など幅広い分野にて経営を経験．現在，大手住宅メーカーの経営コンサルタントとして，人材研修・営業指導・戦略立案・経費削減の指導を行うかたわら，現在，急成長中のベンチャー企業を経営している．

中小企業のための経費削減

2009年 8 月13日 発行

著 者 山田浩司《やまだこうじ》
発行者 柴生田晴四
発行所 〒103-8345 東京都中央区日本橋本石町 1-2-1 東洋経済新報社
電話 東洋経済コールセンター03(5605)7021 振替00130-5-6518
印刷・製本 東京書籍印刷

Printed in Japan ISBN 978-4-492-52174-8 http://www.toyokeizai.net/